教師の
リーダーシップ力
をきたえる

現場に生きる
リーダーの知恵とワザ

前田勝洋 編著

林知子・藤澤卓美・田中信夫 執筆

黎明書房

プロローグ

人間を育てることに「いのち」を吹き込む実践のリーダーたれ

学校行脚から見えてきたこと

　私は現在，年間100回程度の学校行脚をしています。招かれて授業参観したり，「授業参加」したり。まさに教師たちの日々の実践活動に「いのち」を吹き込む仕事に，苦楽を共にする日々です。そこから垣間見えてくる「学校という世界」「教師の営み」に一喜一憂しながら，私なりに，「教師が明るく元気にがんばってほしい」「学校が活性化してほしい」と念じながら歩いているのです。

　それにしても，学校は忙し過ぎます。「忙殺」という言葉が浮かびます。教師たちは，精神的にも肉体的にも疲労困憊しています。ゆっくり語り合う，お茶をして談笑する光景が，学校現場から消えようとしています。子どもの反乱，教育行政の圧力，保護者の撹乱が，教師の身も心もズタズタにしているのではないでしょうか。

　そんな中で思うことは，校長や教頭，教務主任，研究主任，学年主任の先生方が，優れたリーダーシップを発揮している学校は，「夢がある」「輝きがある」という事実です。「明日の光明になる」実践で，子どもたちも教師たちも，実に健気にがんばっています。そんな教師，そんな学校に出会うと，私もほっとして，砂漠で泉に出会ったような歓びが湧いてきます。

私はなんとしても，そんな学校・教師の発信するメッセージをその人たちに成り代わってみなさんにお伝えしたいと，その一念でペンを執りました。

成果主義の危うさ
　教員評価制度の導入，免許の更新制，学力テストの導入などと，企業論理の成果主義が，学校現場に覆いかぶさってきました。企業でさえ，「成果主義の導入」が人間関係を冷たく危うくして猛省を迫られているのに，「人間を育てるはずの学校現場」が物を生産する企業現場と同一視されているのです。あらゆる教育活動に，「評価・点検」が義務付けられ，指示命令に「報告・連絡」が強制されて，教師も学校もがんじがらめに拘束されてしまいました。少しでも先を見たときに，「危ない」「恐ろしい」ことだと思うことに対して，容赦なく通達され，管理命令が出されてきたのです。それらの指示命令や通達が，「よかれ」と思って行われているところが，哀しいほど怖いのです。

　私たち教師は，今こそ教育実践に「いのち」を吹き込むべく立ち上がらなくてはなりません。苦しくつらい現実から逃避することなく，「心豊かでバランス感覚に優れた人間教育」を模索していかなくてはなりません。いや，学校現場に教育の疲弊さが蔓延しているからこそ，「やりがいのある仕事」だと思いましょう。

　今，学校現場は団塊の教師たちの退職を受けて，若い教師が増えてきています。今こそ，教師たちが互いにリーダーシップを発揮して，「学校再建」「教育再建」に発動しなくてはなりません。校長，教頭，教務主任をはじめ，学校の核になっている教師にかけられた

プロローグ

期待は，きわめて大きいものがあります。若い力を生かし，現場主義を貫き，情熱を注いで，人を育てることに奮い立つあなたであってほしいと思うばかりです。

「生かす」知恵

あらゆる指示命令や通達が「指導」という名のもとに，現場に洪水のように押し寄せてきています。校長や教頭はじめその学校のリーダーたちは，それをできるだけ忠実に職場の教師たちに「指導する」ことが，「リーダー性」であると認識しています。現場の教師たちは，子どもたちとじっくりかかわり，子どもたちに心やさしく，そして厳しい学びをさせたいと思っていても，ついつい洪水のように押し寄せる「指導」に足元をすくわれ，溺れていきます。リーダーたちは，部下がいかに，上司の「指導」にそむくことなく，忠実に実行するかを阿修羅のごとく見届けようとしています。

こんなことを記すと，「いや，そんなことはない。リーダーたちも悩み苦しみながら，現場の教師たちの味方になるよう，懸命にがんばっている！」と反発されるかもしれません。私はそうであってほしい……私の認識に誤りがあってほしいと念じながらも，現実の厳しさを痛感しています。

今，現場のリーダーたちに求めたいことは，自分の部下にいかに寄り添うことができるかということです。そしてそれは部下の悩みや苦しみ，歓びに共感しながら，彼らの中で息づいている知恵や願いを「生かす」リーダーに徹する勇気があるかだろうと思うのです。素朴で粗野で，思慮不足の知恵や願いという原石から，宝石を磨きだす営みをしていくことだと思うのです。

よい知恵や光る実践が「生かされる」のは当たり前のことです。問題は，まだまだ未成熟で荒削りな実践や仕事が，そのままの状態で陽の目を見ることです。部下を生かすか殺すかは闘いでもあります。部下の知恵や願いを信じて「賭ける」決断が強く求められます。乗るか反るかの大立ち回りです。そんなリーダーシップを発揮する指導者の輩出を心から願っているのです。「よきリーダーとは，部下を生かす手腕を持っている上司」であると思います。そんな上司の輩出を心から願っています。

現場主義に徹する
　学校教育における「現場」とはどこでしょうか。それはまさに，授業をしている教室であり，学級経営で担任教師が悪戦苦闘をしている教室です。子どもと教師のいる「現場」です。

　学校のリーダーである上司が，この「現場」から目を離すようになってきたのは，いつごろからでしょうか。学校に市場原理が働くようになり，「自己責任」が声高に言われ出してきたころを思い出してみましょう。学校現場に「開かれた学校」が期待されていく一方で，「教師の自己責任」「学校の社会的な責任」が追及されるようになってきました。「学校には隠蔽体質がある」と，「閉鎖的な学校現場」に，マスコミや保護者の冷たい視線が突き刺さってきたのです。さまざまな文書開示の手続きが要求されるようになり，自己責任を追及するマスコミの激しい攻撃を受けたりして，学校のリーダーたちの目を子どもに向けている余裕は，完全に失われてきました。「あれはいいか」「これはいいか」の厳しい追及に現場はあわてふためき，疲弊していきました。上部機関との文書の往復ばかりがやたらに増えていき，学校現場は，上部機関からの完全なる「監視

体制下」に置かれていったのです。

　考えてみれば，どうにも不思議なことです。「開かれた学校」も，「教師の自己責任」も，はたまた「学校の社会的責任」もひとえに「明日の人間教育への限りない期待」の中で，「現場である学校」に求められてきたことであって，決して「学校現場を疲弊させる」ために，やってきたことではないはずです。にもかかわらず学校は，日々成果を問われ，評価を求められ，点検や開示に混乱状態に陥っていると言ってもいいでしょう。

　「教師は，今こそ教室に戻ること」が求められます。校長も，教頭も校長室や職員室に閉じこもって文書事務をしている場合ではありません。「現場」に足場をしっかりと置いて，担任教師と苦楽を共にしながら，「この目で見て」「この耳で聴いて」「この体で感じて」多くの泣き笑いを子どもたちと共有しながら，悪戦苦闘の実践をすべきです。そこからリーダーのあるべき姿の第一歩が始まるのではないかと思うのです。

情熱と悪戦苦闘と

　人間教育は，計算づくではできないところに，その摩訶不思議な奥深さと危うさがあります。はかないほど，もろく「物を生産する企業」とは，およそ対極にあるような営みです。熱く燃えた初志をつらぬく若き青年教師も，予期しない挫折に身も心もズタズタに引き裂かれる屈辱を味わうこともしばしばです。むしろ「悪戦苦闘がつねにある現場こそが人間を育てる」と考えていた方が，少しはゆとりも生まれます。

しかし，世の中の学校現場を見る目，教師を見つめる目は，決して甘くはありません。一時の失敗や頓挫がその教師の教師生命を奪ってしまうほど，冷たいのです。私自身，40年前から，教育の実践活動にたずさわってきて，確固たる見通しを持ってやったことは，一度もありませんでした。「こんなことをやって，ほんとうにうまくいくだろうか」「もし，失敗したらどうしよう」と危惧しながらの日々であったように思います。それでも，当時の世の中には，「学校現場を見守る温かい目」がありました。寛容さがありました。「人間を育てるプロセスだ」と認識する風土があったように思います。そんなことを言うと，おまえの懐古趣味だと言われそうですが，確かにそういう空気を読むことができたのです。そんなことが教師の体罰や背信行為を助長したことは残念極まりないことですが，その一方で多くの教師が身も心も子どもを育てることに尽くす営為があったように思うのです。

　「教育には悪戦苦闘がつきものだ」「教育は信じるところから始まる。この子の育ちを見守りたい」というギャンブルのような危うさへの寛容が，この世の中に広がっていかないと，「いい教育活動」は，到底実現しないと思います。学校現場の核になるリーダーに求められることは，そんな現場づくりにもっともっと心血を注ぐことではないかと思うのです。サラリーマン化した公務員としての教師には，無理難題の世界かもしれません。

　私たちは，この本を上梓するにあたって，多くの優れた実践活動をするリーダー教師に出逢ってきました。その教師との出逢いが，大きな勇気と知恵を与えてくれました。私たちは，学校現場が疲弊し，風化していくことをもっとも恐れます。

私は，この本をまとめるにあたって，3名の尊敬するリーダー的な存在であった教師のみなさんに手を借りました。女性教師として管理職の立場になっても，「授業実践」から目を離さず一途に歩まれた林知子先生，中学校の学校現場を再建するために，教師間のネットワークを綿密に築き，まさに現場である生徒たちと悪戦苦闘をして大きな成果をあげられた藤澤卓美先生，今現在も小学校の校長として生々しい現場で実践活動にまい進してみえる田中信夫先生に，自らの実践活動を通してリーダーの知恵とワザを語ってもらいました。この3名の尊敬する教師仲間がいなかったら，この本も上梓することは，到底かなわなかったことでしょう。

　私たちは，「人間教育に真摯に立ち向かう教師たちへの讃歌にしたい」衝動にかられながら，この本をまとめました。皆さま方のご意見をうかがいたいと思うばかりです。終わりになりましたが，いつもいつも発刊のたびに大きな知恵とワザを教授してくださる黎明書房の社長武馬様に大いなる敬意を持ってお礼にします。ありがとうございました。

　　　平成22年　初夏を迎える日に

　　　　　　　　　　　　　　　　　実践同人代表　　前田勝洋

目　次

プロローグ
　人間を育てることに「いのち」を吹き込む実践のリーダーたれ　1

I　願うよりも,「自分に何ができるか」を問う　13

1　忘れてはならないこと　……………………　14
　1　自分もただの教師であった日々　14
　2　つらかったとき「校長が壁になってくれた」思い出　15
　3　短所に大らかであった教頭との出会い　17
　4　学校は弱い立場の子どものために存在するということ　19
　5　保護者に助けてもらった自分　21

2　共感的な「生きざま」を演じる　……………………　24
　1　対極に学ぶ　24
　2　下座に生きる　26
　3　うなずきの極意　28
　4　窮地にこそ落ち着け　29
　5　ユーモアと明るさと　30

Ⅱ　軸のぶれないリーダーであれ　33

1　色合いのしっかりした判断基準を持つ ……… 34
- ① 「それが子どものためになるか」　34
- ② 八方美人では信用を失う　36
- ③ 「子どものいのち」「教師のいのち」　37
- ④ 「あなたはどうしたいか」問う　39
- ⑤ 「学校の営業は授業だ」を貫く　41
- ⑥ 子どもの名前を知っているか　43

2　「ちょっと無理してがんばる」経営を ……… 45
- ① 「教育実践の日常化」こそが基本　45
- ② 事務屋になるな，助っ人になれ　48
- ③ 動脈硬化では「流れ」が詰まる　50
- ④ 反発と新提案は紙一重と思え　51
- ⑤ 失敗や試行錯誤を大事にする　53

Ⅲ　「苦楽を共にする」が，最大のリーダーシップ　57

1　「見える」リーダーの条件を養う ……… 58
- ① 雑談を意識してできるか　58
- ② 不満や不平に耳を傾けよ　60
- ③ 動かないと「見えない」　62
- ④ 「ひたすら生かす道を探る」リーダーであれ　64
- ⑤ 迅速な対応，ていねいな処置　65

2 「実践参加する」リーダーになれ …………… 68
- 1 我流から「学びの経営体」へ 68
- 2 「授業参観」から「授業参加」へ 70
- 3 会議で事を進めるな 73
- 4 異業種のリーダーに学べ 75
- 5 効率化を優先するのではなく，無駄を大切にせよ 76
- 6 地域のネットワークを築け 78
- 7 自主研修の立ち上げを 80

Ⅳ それぞれのリーダーシップを発揮する教師たち 83

1 女教師たちへの応援歌 ―林知子先生の場合― …… 85
- 1 教師への道のり 86
  - ① 「島小の女教師たち」との出会い 86
  - ② 子育てとの両立の難しさ 87
  - ③ 女性教師としての特質を生かす 89
- 2 共に授業を創る 89
  - ① 女性リーダーとして私がやれること 89
  - ② あなたの授業の中に私がいる 90
  - ③ 誉めて，課題を見つけて，共に考える 91
  - ④ 10人の子どもになって考えていこう 94
  - ⑤ 板書で授業が見える 95
  - ⑥ 「真似をする」大切さ 96
  - ⑦ ベテラン教師の支えがあってこそ 98

3　授業づくりで生まれたもの　98
　　　①　「授業ノート」を作る　98
　　　②　授業参加からT・Tへ　100
　　　③　授業公開をたのしむ　101
　　4　ほんのちょっとの活用術　102
　　　①　ほんのちょっとの勉強会　102
　　　②　学ぶ場は身近な足元にある　103
　　　③　教材にもどり，教材に惚れ込むこと　104
　　5　女教師たちへの讃歌　105
　　　①　たくましく，しなやかな女教師　105
　　　②　保護者と心を通わす女教師　107
　　　③　女教師への応援歌　108

2　中学校経営を考える　—藤澤卓美先生の場合—　……　110
　　1　経営の基盤を固める　110
　　　①　風土に立つ　111
　　　②　弱い立場の子どもを経営の中心に据える　111
　　　③　チャレンジ精神を持つ　112
　　2　教師が育つ学校づくり　113
　　　①　「力量向上」から「力量発揮」へ　113
　　　②　OJTで教師を伸ばす　114
　　　③　リーダーも育つOJT　115
　　　④　授業技術を磨く　116
　　　⑤　生徒指導も部活動も「背負う」　117
　　3　学力向上への取り組み　118
　　　①　競争から「学び合い」へ　119
　　　②　習熟度別指導から「学び合い学習」へ　120

4　全人教育への希望を　121
3　年間3回の授業公開を経営の核に　………　122
　　　―田中信夫先生の場合―
　1　熱き思いを語る　122
　　①　授業実践を渾身の思いで語る　123
　　②　4月に授業公開を位置づける　124
　2　年間3回の授業公開に賭ける　126
　　①　今こそ授業力の向上を　126
　　②　年間3回の授業公開できたえる　127
　3　ミドルリーダーを育てる　129
　　①　N教師の奮闘　129
　　②　50代の教師を動かす　131

エピローグ
　若き教師たちへ　134

もう一つのエピローグ
　「教師の仕事，リーダーの仕事」は立ち止まりにあり　140

●イラスト：山口まく

I
願うよりも，「自分に何ができるか」を問う

1　忘れてはならないこと

　リーダー的な立場にある教師が忘れてはならないことがあります。それはかつて自分が一介の若輩者の教師であったころのことです。そのころの自分が，どんな思いを抱きながら，日々学校へ足を運んでいたかを忘れてはなりません。そういうことを胸の中に反芻することを通して，リーダーとしてのあり方を意識することができると思うのですね。

1　自分もただの教師であった日々

　今は校長である人も，教務主任である人も，一介の担任教師であった時代があります。私自身，一介の担任教師であったころ，上司である校長や教頭，教務主任が，異様にまぶしく見えました。またあるときは，自分たちの仕事ぶりをあまり見もせずに，批判したり命令したりする煙たい存在でもありました。到底のみこめないような無理難題を平気で押しつけてくる傲慢さに満ちた印象もあります。いずれにしても，「おれたちのことをわかってくれてはいない」と陰で悪口を言ったり，上司批判をしたりしていました。
　若気の至りではありましたが，学年経営や学級経営に燃えていたことを思い出します。

　休みを返上して，部活動に汗を流していました。
　あるとき，トイレで校長と鉢合わせになりました。

I 願うよりも，「自分に何ができるか」を問う

　「おい，君の指導をしているバレーボール部の保護者から電話で，ほんとうに休日も返上して指導してくれて，おかげで自分の子どもも少しは我慢してがんばるようになって……たいへんうれしく思っているという電話があったよ。速くそのことを君に伝えたいなと思って話そうとしていたところだ。おれもうれしいよ。よくやってくれるなあ」と校長は，私と並んで小用を足しながら，話されたのでした。
　「ありがとうございます。もう自分では行き当たりばったりでやっていますよ。だから，親の苦情かと思いましたよ」と私。
　「いやいやそんなことはない。教師で一番大事なことは，愛情を持って熱意を持って生徒とかかわることだ。君はそれをやっている。そのことは，君の今担任している２年生の生徒の授業態度や通りすがりの挨拶を見ていてもわかるよ。よくやってくれるなあ」
　校長は，何度も何度も「よくやってくれるなあ」と口に出されながら，話されたのでした。私は，自分の中に勇気百倍の力がわいてきたことを昨日のことのように思い出すのです。

　若い教師は，先輩教師を範にしながら，見よう見まねで実践をします。その実践がどれほどの確信があるか，おぼつかないままに行います。私は，まさに「我流」でやっていたのです。その芽をしっかりと見届けてくれたこのときの校長の言葉に，まさに天にも昇る気持ちになりました。リーダーの一言が，身にしみてうれしかった，ありがたかった，と思うばかりでした。おごることなく，誠実に努力をしないといけないなと自分を戒めたものです。

2 つらかったとき「校長が壁になってくれた」思い出

　あれは，中学校に勤務していた若いころのことでした。荒れ気味

の中学校でしたが，教師たちはまだ精神的に健康度も高く前向きにがんばっていました。そんなこともあって，生徒の気風も徐々に回復してきていました。

　そのころ，私は２年生を担任していたのですが，あるとき行きすぎた指導をしてしまったのです。生意気盛りの中学２年生です。授業中の態度をめぐって，一人の男子生徒を叱責していたときのことです。生徒の胸倉をつかんで激しく揺さぶりました。その勢いで，学生服が破れてしまいました。ボタンがバラバラとあたりに散りました。怒り心頭に達していた私は，それでも彼を懲らしめることに自分の正当性を思っていたのです。

　夕方保護者から電話が入りました。「前田先生はひどすぎるではないか！」という母親の叫びです。その電話を受けたころには，私もかなり冷静になっていました。だから，自分の非を詫びました。

　「私が電話をしたから詫びるなんて！　せめて事前に知らせてほしかった，……確かに私の息子にも大きな問題があります。でも先生のやられたことは，教育者ではないと思います」その言葉に私は何も言うことができませんでした。「このことを教育委員会に報告して……こんな危ない先生に教えてもらうなんて，怖くて怖くてとても安心して学校へ行かせることができません」と母親は激しく言いました。

　電話が終わったとき，事態の大きさを痛感して学年主任と一緒に校長室へ行きました。こんな事態になったことを校長先生に報告に行ったのです。

　校長は，事実の概要を受け止めると，「よしわかった。オレが行こう」ということで，私を連れて，保護者の家に行きました。電話を受けて30分も経たないうちの対応でした。校長は，私には「何も言うではないぞ」と念押しして。

生徒の家には父親もいました。校長は何も前置きをせずに,「今回の不始末は,私校長の責任です。前田を責めることはもっともな憤りだとは思いますが,それはすべて私の責任です。前田は,今回のようなことを仕出かす大バカ者ですが,私は教師としての熱い心を持っている男だと信じて仕事をさせています。どうか私に免じてお許しください」そう言って頭を床に擦りつけんばかりにして謝りました。私は自然に涙が出てきました。同じように頭を擦りつけて詫びました。

そのことは,その後大きなもめごとにもならずに終結しました。どうしたことか,そんな大仰なことを仕出かしたのに,校長は私を叱りつけることはありませんでした。「気をつけてやれよ」と優しく諭してくれただけでした。私は本心から,「自分の浅はかさ」を思うと同時に,「この校長のためなら,死んでもいい。誠心誠意仕事をして恩返しをしたい」と思ったのです。体を張って部下を護ってくれたこの校長のために自分は生まれ変わった気持ちで精進しようと決意したのでした。

20数年前のそのことが,自分自身が同じ立場になったとき,鮮明に蘇ってきたのです。今は鬼籍に入ったあの校長先生の姿を私は決して忘れまいと誓ったのです。自分の身を捨てて部下の非をかぶってくれた校長のように自分にできるか,そんなことを思って校長職についた私でした。

3 短所に大らかであった教頭との出会い

人は弱点を責められて「やる気」になるものではありません。他人の欠点は目をつぶっていても見えてくると言います。それほど「短所」は,気になるものです。リーダーになった人は,部下の短

所を安易に指摘すべきではありません。「鉄は熱いうちに打て」という言葉もありますが，やはり長所を伸ばしてこそ，リーダーは存在感があります。

　私の若いころの仲間に教師としての目線が弱い男性教師がいました。彼は照れ屋のためか，相手と話をするときに，目線が相手から逸れるのです。それは授業をしているときにも感じることでした。教材研究は人一倍するし，学級経営も熱心です。ところが，どうも「目ぢから」がないのです。子どもが活動をしていたり，発言をしていたりするときに，彼の目は，しっかりと子どもを見ていないように見えるのです。そのことは，子どもたちもなんとなく感じているようで，子どもたちのややフワフワした動きや集中度の低さにつながっているように，私たちには見えました。
　公開授業後の協議会で，多くの指摘がなされたときに，その「目線」の話も出てきました。私も「先生の目線が，子どもから逸れているので，子どもたちは『受容』されているという気持ちにならないのではないか。もっと子どもの投げたボールをきちんとキャッチングしてやるためには，子どもをしっかり見つめて見守ってやることが大切なことではないか」とかなり鋭利な刃物で突くような発言をしてしまいました。彼は顔を赤らめてはいましたが，確かな反論をすることもなく，その場は過ぎて行きました。

　協議会の後半になったときに，S教頭が発言を求めてきました。「たしかにみんなの指摘にあったように，子どもたちを見守っている，見つめている目線は大事なことだと，私も思うよ。でもね，授業の中で，先生が，大きくうなずいている，そういう姿勢は目ぢからと同じくらい大事なことだと思い，私はキャッチングをしている

なと強く思いましたよ。だから，あと一息だね」と笑顔で語ったのです。授業者の彼の顔が紅潮しました。

　S教頭は，つとめて相手の弱点を責めないように意を払われていたと思います。つねに，短所よりも長所を見ようと努力されていたのです。そんな教頭の言動は，みんなの信頼を置くところでした。「慈母」という言葉があります。まさにS教頭は職場の「慈母」的な存在でした。どれほど多くの職場の仲間がS教頭の言動に癒され，元気をもらったことか，それは計り知れないほどの存在感でした。

　「けんかするほど仲がいい」という言葉もあります。そんなことを思うと，率直かつ大胆に議論を交わすことも大事なことです。しかし，そこにフォローする存在の人がいてこそ，打ちのめされた者も立ちあがることができます。S教頭がそういうことを自覚し，意識してそうされていたのかどうかは確たる証拠もありません。ただほんとうに職場の仲間がエネルギーをなくしてしまいそうなときに，絶妙のタイミングでフォローをするS教頭の動きは，今も鮮明に目に焼き付いています。

4　学校は弱い立場の子どものために存在するということ

　学校をよく病院と比べて考えることがあります。学校には教師がいます。病院には医師がいます。学校には子どもがいます。病院には患者がいます。

　病院の医師は，患者のために治療にあたってこそ「医師」にふさわしいと言えます。患部を診て，「病人」をおろそかにする医師は「医師の資格」がありません。インフォームドコンセントが一般的に言われるようになってきています。病人の痛みを受容するようであってこそ，「名医」と言えましょう。

私は病院のほんとうの内情は知りませんが，「患者の苦しみや痛み」に寄り添ってくれる医者を求めます。

　学校の教師も同じことが言えるのではないのでしょうか。ほんとうに子どもの立場になって教師の仕事をすることが，言うほど簡単なことではないことは，教師を仕事にしている人ならば，心に思い当たることです。
　教師は，どこかで「教える」ことを最優先にします。この「教える」ことが，「学習内容を教える」ことに意識が走りがちになるのです。相手がどんな子どもであっても，教え込まれたことを理解しないことは，子どもの怠慢だと思えてくるのが教師の悲しい性（さが）です。昔からの言葉に，「ひとを観て法を説け」があります。子どもは能力にも違いがあれば，性格も多様です。さまざまな子どもが一堂に会して授業をしているのです。ましてや一斉授業ともなれば，「ひとを観て法を説け」などという余裕はありません。とにかく「教える」ことは「詰め込む」ことと同意語になります。そこに教師の大きな過ちがあるのです。

　私たちは，子どもの育ちにもっともっと目を向けていかないといけないと思います。
　たとえ余裕がないと思われても，「一人ひとり」を意識した授業であり，指導であるべきです。病院の医師が画一的な安易な診断や処置をしたら，恐ろしい気持ちになるように，子どもに対して画一的な指導は，どこか背筋が寒くなります。

　日々の授業や活動をしていると，ときとして教師は「できる子」「やれる子」「わかる子」を大事に扱ってしまうことがあります。そ

して，できる子，やれる子，わかる子を基準とした授業や活動をしてしまいます。学校は，本来「できない子」「やれない子」「わからない子」のために存在する価値を持っています。そのことを教師自身がどれほど認識しているでしょうか。

　学校のリーダーになったとき，「学校はできない子，やれない子，わからない子という『弱い立場の子ども』のために実践活動をしなくてはならない」と思う存在でありたいなと思います。それは決して簡単なことではありません。苦難の道です。しかし，それを眼中から外したときには，学校は「学校ではなくなる」と強く思うべきです。厳しく困難な道ですが，そんな道を選択するリーダーになってほしいものです。

5　保護者に助けてもらった自分

　かつて保護者のクレーマー的な言動に学校が悲鳴をあげているということを，これほど耳にすることはなかったのではないかと思います。常識をはるかに逸脱しているような暴言や，自分の子どもに関するこまごまとした依頼や訴えに，教師の力量や配慮を乗り越えたどうにもならない「限界」を訴える教師が輩出しています。

　教師の中には，統計的に見ても，心身症を患って療養休暇や休職・退職を余儀なくされる不幸なケースも増えているのです。ほんとうにどうしてこうなってしまったのでしょうか。中には，「学校の閉鎖的な体質が問題だ」とか「教師の怠慢だ」と豪語して訴えてくる保護者もいます。確かに中には，同業者から見ても，配慮に欠ける教師もいます。

　でも大方の教師は，かなり誠意を尽くしています。親が何を言おうと，平身低頭して，ひたすら親の気持ちの収まることを願ってい

る教師の姿は哀れでさえあります。

　その反面，実に協力的で教師の仕事や考え方に共感して，一緒に「子育て」をしている親もいます。いや，ほとんどの親はそういう姿勢を持っているのです。

　クレーマー的な保護者は稀なる存在と言った方がいいかもしれません。それでも裁判沙汰になったり，こじれたケースが新聞等のマスコミから流れたりすると，教師は自分が知らず知らずに防御的な教育実践しかできない立場に追い込まれていることに，気づくのです。

　ずっと以前のことですが，私の若いころ，ある学校で耐寒マラソンの最中に心臓発作で子どもが急逝する事故が発生しました。そのニュースは衝撃的なニュースとして市内の学校関係者や保護者を震撼させました。しかし，そのときのY教育長は，「今回の事故はまさに痛ましい事故で遺族の皆様の心中を思うに，痛恨の極みです。しかし，そのことと耐寒マラソンを中止することとは別の問題です。人が人間としてハードルを乗り越えていくときには，つねに危険と背中合わせになっていることを念じて，それを恐れるあまり，萎縮した教育活動にならないように」という声明を出されました。私は若造ではありましたが，Y教育長の言葉に震えるような感動を覚えたのを昨日のことのように思います。

　私が校長職に就いてからは，ことあるごとに，保護者と懇談をしてきました。意識して何でもないような時と場でも時間を割いてもらって，「今学校で何をやっているか」「どんなことに教師たちが苦

しんでいるか」「子どもを育てるために，教師たちが歯をくいしばってやっていること」などを語り続けてきました。そして，保護者の意見を大きな耳で聴き届け，ひたすら，「保護者の理解と協力なくして，学校は子どもを育てる営みを行えない」と訴えてきたのです。

　授業参観で私語をしたり，廊下で大声でしゃべったりしている保護者には，私は手厳しい叱責をしました。煙草の吸殻や，ビール缶の落ちている学芸会や運動会は絶対に糾弾する姿勢を貫きました。それは，「子どもの育ちに害あって益なし」と断言できるからです。「お父さん，お母さん，頼みますから，そういうことをしないでください」そんな私の悲痛な叫びも，少しずつ少しずつ保護者の理解が得られるようになってきました。そして何よりも驚くべきことは，私（校長）のそのような振る舞いが，結果的に教師たちの真摯な実践活動を生み出していくことになっていったことです。「結果的」というのは，私（校長）が保護者にどう「対峙するか」を教師たちは目を凝らして見ていたのでした。

　多くのバッシングを記憶の底に置きながらも，私自身の想い出の中には，それよりもはるかに多くの「私は保護者に助けられた」「子どもに助けられた」体験があります。リーダー的な立場になったとき，自分のリーダーとしての見識の未熟さに，ついつい傲慢な態度になることを戒めてくれたのは，そうした想い出でした。

2　共感的な「生きざま」を演じる

　「ほんとうの校長職にあるべき人は，心技体が整っている人であるべきだ」と指摘されたら，私などは即刻退場処分が下る存在でした。私はどうにもならないほどの風采の上がらない未熟者でした。到底「悟り」を拓いたような境地には立てません。下世話な遊びもするし，邪念が走る愚か者です。そんな私にも少しはできることがありました。それは「共感的に」「苦楽を共に」仕事をすることを「演じる」ことです。思えば，いい加減なリーダーだったなと思うばかりですが，それでもそのことをするだけでも精一杯の私でした。

1　対極に学ぶ

　昭和40年代の初めころでしたか，学年会や職員会議はいつもいつも侃々諤々(かんかんがくがく)になるほどの荒れようでした。いや荒れようというのは適切な表現ではありません。「異議」を感じたことには，率直に意見を言うことが，教職に身を置く者としての当然のあり方だったのです。これは私だけの想いではなく，大方の教師たちは同じように思っていたことでしょう。それは熱い実践へのエネルギーのほとばしりでもありました。

　それがいつのころからか，多くの教師たちが，黙秘して語らずに案件を受け入れていく職員会議へと変身していったのです。それは一言で言えば，穏健派とも言えるでしょうが，そうではなくて，管

理体制の強化に連れて、「無駄な抵抗をしない」小利口な生き方をする教師が増えてきたのです。職場の中でも同質をよしとして、異質を極端に排除する動きが年々強まってきたようです。

　不思議なもので、そうなると、極端に急進的な教師がときとして輩出されてきました。私の勤務していた地域にも多くの学校にパラパラと、そういう教師がいました。学校のリーダーたちは、そういう教師が職場にいることをきわめて嫌いました。「事を進めることに抵抗したり反対したり」するのです。多人数の職場で一人かそこらですが、過激な言動で反対をする彼らに、手を焼いていたのです。

　私ももともと小心者です。対立や闘争は好みません。できれば、みんなで力を合わせてがんばっていく一枚岩の共同体としての職場が憧れでした。でも皮肉なことに私の勤務した学校にも必ず「学校経営上、思うようにならない言動をする教師」はいました。最初にそういう教師と出会ったころは、厄介者払いをするように、私はできるだけそういう教師との接点を避けていました。ことを荒立てることをしたくなかったのです。

　それが二校目で校長職に就いたころから、そういう私とは意見を異にする教師に、なぜか興味を持つようになりました。「過激で危ない」とリーダーたちから恐れられていた教師に近づいてみたくなったのです。それはシーンと静まり返った職員会議や普通の会議での彼らの発言に、どこか真実味があると思える一瞬があったからです。むしろ、問題があっても押し殺して議論の対象にもせず、他人事のように黙秘してしまう教師たちに、無責任さを強く感じたのでした。「私たちの学校をどうしたいか、どうしなければいけないか」の議論をもっともっと白熱してやってこその「学校現場」であ

りたいなと思いました。

　もっとも過激な教師の中には、混乱することだけ、壊すことだけを目的にしている輩もいます。しかし、たとえそういう輩の意見でも、「聴く耳」を持つことが、とても大切なことだと思えてきました。

「対極に学ぶ」ことが、私のそれからの座右の銘になりました。意見を異にする教師たちには耳を傾けるだけでいいのです。その一瞬をこわばった顔つきで拒否しないことです。たとえ無謀な意見であっても「ありがとう。あなたの意見はしっかり聴かせてもらったよ。でもそれをすぐに実現する課題にできるかどうかは、未知数です。じっくり考えて生かせる時期がきたら生かしたい」と言える自分になっていきました。

　何度も言いますが、私は小心者です。それでも「対極に学ぶ」リーダーでありたいなと思えるようになりました。拒否や排斥はいつでもできます。もっとも拒否や排斥からは険悪な空気は生み出せても建設的な学校経営はできません。私たちは、「対極に学ぶ」姿勢を堅持していくリーダーになってほしいと願います。

2　下座に生きる

　リーダーに厚顔で傲慢さが出ていると、もうそれだけで部下は離れていきます。いや離れていかないかもしれませんが、心底慕っての仕事はできません。「仕事をするのだから、慕ってなんて情に流されているような仕事の仕方ではなくて、ドライでクールなやり方でも仕事をしっかりやりきらせる、やってもらうようなリーダーとしての存在感が必要だ」という考えもあるでしょう。

古い考えかもしれませんが，教師は営業マンでも，歩合制に生きるサラリーマンでもないと思っています。「損か得か」に生きる職業人ではなくて，「うそかまことか」に生きる聖職者でありたいなと思います。だから職場の教師たちには，納得して仕事をしてもらいたいし，権力主義で仕事をさせるリーダーにはなりたくないと思います。

　「下座に生きる」という表現は，決して部下に媚びへつらうリーダーのあり方を説いているのではありません。ときには熱く，ときには悲しみに満ちて持論を展開する上司でありたいということです。そして，その持論にどのような「反論」や「異議」がぶつけられても，謙虚に素直に耳を傾けることのできる姿勢を保ちたいということです。「ありがとう，あなたの指摘されたことで，なにか見えてきた感じがするよ」の一言が，誠実なリーダーの姿を浮かび上がらせることになるのです。

　職場の仲間は上司である校長や教頭が，「謙虚に耳を傾けてくれる」ことを敏感にとらえます。リーダーが「大きな耳を持って下座に生きる」姿勢を見せれば見せるほど，真摯に熱意をこめて実践する部下が育ちます。それは心底ほれ込んだ上司と部下の関係になっていきます。

　断っておきますが，迎合主義で優柔不断な判断で，ぶれがあっていいというのではありません。軸がしっかりしていることは当然大切なことです。異議や反論をすべて受け入れて，迎合していては，学校という船は羅針盤を失った船になります。そういうことを言っているのではありません。「聴く耳を持つ」ことは，よく聴いて

是々非々の判断を沈着冷静にすることです。下座に生きることが，職場の空気を大きく変えていくことは，実践者であれば，鮮やかにとらえることができます。

3 うなずきの極意

　今の世の中は「うなずきの文化」が減ったのではないでしょうか。「うなずく」「うなずき合う」ことは，職場の文化が交流し，穏やかで温かい空気が流れていることだと思います。トゲトゲしい殺伐とした職場はいるだけで心が凍りそうです。現在では，朝から職場のみんながパソコンに向き合っている時代。「ことばが通わない」ことが，ふつうになっているようです。これではやりきれません。

　家庭においても，「うなずきの文化」こそが，子育ての基本にどっかと座っている場合は，落ち着きのある慈愛に満ちた環境になります。難しいことをあれこれ講釈するよりも，「うなずき合う母と子」であれば，間違いなく子育ては行われています。隣人とも「うなずき」のあるお付き合いができれば，それに勝る絆はありません。
　お互いに顔を見て，フェイスツーフェイスでの会話があって，うなずきがあれば，もうそれだけでその職場は，健康的と言えましょう。

　ではその「うなずき」を誰が発するか。そこにこそリーダーの存在があります。リーダーが率先してうなずきを行う職場にすることです。うなずきは，心と心のキャッチボールです。言葉と言葉，意思と意思のキャッチボールです。「なるほど」「そうか」「うーん，すごいなあ」が受容的な会話の基本にすえられていくとき，職場は

活性体へと大きく動き出します。眼と眼でアイコンタクトをして，「なるほど」「そうか」「うーん，すごいなあ」が飛び交えば，互いの元気が更新されていきます。それは当然のことながら，教師対子どもにも言えることです。授業の中で，休み時間の中で，教師と子どもの間に「うなずきの文化」が意識して広げられていく学校は，子どもたちの心が柔らかく慈愛に満ちた育ちをしていきます。授業の中でも「学び合い」が着実に広がっていきます。

　私たちは，「うなずきの文化」を今一度この日本の風土に根付かせていきましょう。

4　窮地にこそ落ち着け

　私は校長のときに，小学校3年生の子どもが二階から転落死する取り返しのつかない事故を起こしてしまいました。気が動転するということは，まさにそんな瞬間です。救急車で病院へ搬送される子ども。祈る気持ちだけがむなしく，気が焦り慌てふためきます。どうしたらいいのか，自分を見失うほどの狼狽です。そんなとき，保身に走るか捨身に身を置くか，それこそが大きな大きな岐路です。そのときの私は，身を捨てて，最愛の子どもを失った両親の痛切の極みに思いをつなげる自分でありたいと，自分をしっかりと追い込んでいきました。

　また，あるとき，学校の体育館からの出火を知らせる火災報知機が鳴りだしました。天井裏からの火災でした。その報告書も済んだばかりの数日後またまた図書館で本が燃えたのです。これには，私も大きなショックを覚えました。あれほど，事後措置をして子どもたちにも指導したのに，いったいどういうことになっているのだ！

とはらわたが煮えくりかえるような憤りがわきだしてきました。幸か不幸か，現場を目撃していた子どもがいて，すぐにやった当人が見つかりました。その当人は，そのころのわが校で一番クレーマー的な保護者の子どもでした。私は透徹した心でもって保護者と向かい合いたいと，しっかり決めて保護者の家に乗り込みました。犯人扱いされた保護者は猛り狂い暴言を浴びせてきました。そんな保護者に私は渾身の気持ちで一喝したのです。「あなたが何を学校へうらみがましく言っても，あなたのお子さんのやったことは，犯罪行為です！　今この子をしっかり教育しないと二度と立ち上がることはできません。それでもいいのか！」の私の言葉に，保護者はその場に泣き崩れて詫びたのでした。

窮地は突如として，思わぬときに襲ってきます。用意していない身にふりかかってきた災難は，小心者の自分をわなわなと震えあがらせます。それでも，腹をくくって，捨身になって，潔く挑むことができる覚悟を，いつもいつも胸におさめておくことです。
　それはリーダーとしての孤独でつらい覚悟です。

5　ユーモアと明るさと

私が現役のころにいつも思っていたことは，「自分がそこにいることで職場の空気が固くなり，暗くなることはしたくない」ということでした。確かに職場は「戦場」の雰囲気もあります。しかし，殺伐とした空気の流れる職場にしてはなりません。重苦しい雰囲気は，私の一番嫌うところです。疲れが倍増してストレスが重くのしかかってきます。
　そんな職場であってほしくないです。

I　願うよりも,「自分に何ができるか」を問う

　そのためには,「自分は何ができるか」と自分の立ち位置を考えるリーダーになりたいものだと思います。その人がそこにいるだけで, その場が明るくなり, 多くの人が癒されて元気になることが理想です。そんな賢人にはなかなか心底なれるものではありません。

　私はまずは「あいさつ」が大きな声で, 元気に明るくできる自分でありたいと思ってきました。「おはようございます」「お世話になります。ありがとうございます」「よくやってくださったねえ。ごくろうさまです」と。そんな一声がどれほど, 相手に元気と癒しを与え, やってよかったという思いに浸らせることになるか, そう思うのです。

　あいさつは, 教師だけにすればいいのではありません。子どもにも同じようにしたいものです。保護者や道行く人へも微笑みのあるあいさつができる人は, それだけで大きな信頼を得ることができることでしょう。
　廊下を歩いている子どもに,「○○ちゃん, おはようございます。元気でいいねえ」の一言。そこに「おじぎ」という振る舞いを添えて行うことができれば, もう何も言うことはありません。「おじぎ」をしてあいさつを交わすリーダーのいる職場は, みんなみんな素直になり謙虚になります。

　そして, またユーモアのセンスも欠かせません。みんながぷっと吹き出すような笑い, 職場が思わず和むユーモアは, 一服の清涼剤になります。

　こうしたことは,「自分にはできない」とあきらめていては, 何

も変わりません。「演じる」のです。みんなが元気になるように，せめて自分はそれを「演じる」知恵とワザを磨き，たえず意識することです。

II
軸のぶれない
リーダーであれ

1 色合いのしっかりした判断基準を持つ

　私がよく言うことは、「リーダーは、経営の色をはっきりさせたほうがいい」ということです。「この校長は、子どものためによかれということには、決してノーとは言わない」というように、リーダーとしての色合いをしっかり出すことです。「この校長の価値基準がわからない」というような濁った色合いでは、リーダーにはなりきれません。

1　「それが子どものためになるか」

　私がかつて教えを受けたB校長は、すべての判断基準を「子ども」に求めていました。校長の体面よりも、「それが子どもにとって、意味のあることか」「子どものためになるか」が口癖でした。校長として、やや不利益になりそうな自分の立場をないがしろにするようなことであっても、「子どもありき」の判断をされたのです。

　学年末になると、その学校では学力テストを実施していました。その校長が赴任される以前では、学力テストが近づいてくると、担任教師たちは、こぞってプリント学習に力を入れました。いままで教えてなかったこと、指導が弱かったことを補うために、プリント学習をして「知識の詰め込み」をしたのです。
　ところが、新しく赴任されたB校長は、そのような光景を目の当たりにして、教師たちを一喝されたのでした。「学力テストが高得

点であることは，教師ならば誰でも望むところ。しかし，だからと言って，プリントで日ごろの授業の指導がどうであったかをごまかすような補充をしたら，まさに『詰め込み教育』の最たるもので，許せない」「学力テストは，子どもの実態把握を通して，教師の日ごろの指導のあり方を謙虚に見つめ見直すものであってほしい」そんなことをはっきりと言われました。

　それから，その学校では，ふだんの授業を大事にして指導にあたる，そういう光景が日常化していったのです。

　学校で子どもたちが怪我をすることは，教師のもっとも恐れることの一つです。K校長は，子どもたちが休み時間に遊ばないことを気にかけていました。ある年度になって，休み時間を思い切って35分という長い時間をとることにしたのです。子どもたちは思い切り遊ぶことができるようになりました。ところがそのことで，怪我をする子どもが増えてきました。擦り傷，打ち身，ねんざなどのケガ人が増えました。養護教諭からその報告を聴いたK校長は，「確かに怪我をすることはよくないです。しかし，喧嘩をして怪我をするよりも，遊びの中で怪我をすることでたくましくなるようなら，それも必要悪です。だから，遊び時間は長くします。もう少ししっかり実情を見続けてください」と先生方に話しました。

　子どものためになることには，かなりのリスクを背負うこともあるのです。そのことを恐れていて，肝心の子どもの成長がないがしろにされることを，K校長は恐れたのです。保護者の評判は紙一重のところでしたが，子どもたちの元気でたくましくなっていく姿に保護者は納得していったのでした。

2　八方美人では信用を失う

　自分が若いころを思い出すと、職場の教師仲間が集まると、ついつい校長や教頭などの上司のことが話題になったものです。校長や教頭の一挙手一投足が話題になって、あるときは愚痴に、あるときはほめ言葉になりました。そんなことを思い出すと、自分もそれなりの立場になったとき、職場の上司として、「肯定的に受け入れられる存在」を意識します。しかし、そのことが果たしてリーダーとしての姿勢として、価値あることかを思うと、もう一度立ち止まって考えてみたいことです。八方美人的な、誰にも人当たりがいいリーダーが果たして今必要な資質であろうかと思うのです。
　むしろ骨太なかたい信念を持ったリーダーこそが、ほんとうの意味で、学校現場に必要とされるのではないでしょうか。

　ある中学校でのことでした。その学校は1200名を超す大規模校でした。そのうえ、ここ数年地域でも荒れていることで評判になっていました。そこにT校長が赴任してきました。T校長は決して恰幅のいい体格ではありません。むしろ小柄で貧相な風采です。職場の教師たちは、T校長の姿を見て、「大丈夫かな」と思ったと言います。
　T校長は、穏やかな中にいつも笑みを絶やさず、静かに振る舞っている存在でした。まさに下座に生きる校長です。しかし、決して頼りない存在の校長ではありません。
　「学校の荒れの状況」を地域や保護者に公表して、「今学校が何をしようとしているか、何に困っているか、何に手を貸してほしいか」を率直に訴えられていきました。普通の校長であれば、当然公表したくないことも、包み隠さず表に出して、「私たち教師は、今

こういうことに苦しんで、手をどう打ったらいいか、逡巡している」ことを率直に語られたのです。それは学校の「きず」、学校の「痛み」をさらけ出すことでした。

　そんなT校長の動き方に、地域や保護者が動かないはずがありません。「学校が苦しんでいる、学校が壊れそうになっている」ことへの危機感は、地域や保護者を動かし、「学校再建」へと動き出したのでした。

　よく「学校だより」を見たり、校長や教師たちの話を聞いたりすると、「私たちは今懸命にがんばっています。こんな成果も出てきました」と八方美人のごとく振る舞う学校もあります。それが地域や保護者に信頼感を与えるでしょうか。むしろ「学校は、生徒があんなにも荒れているのに、それがわかっているのだろうか」と疑念の気持ちさえ露わにしてきます。

　今や学校と地域の間に「みぞ」も「壁」もつくるべきではありません。学校が本気になって、良いも悪いも苦しみも喜びも明らかにしていくとき、地域や保護者の厚い信頼に支えられた学校経営へとつながっていくと思います。

3　「子どものいのち」「教師のいのち」

　今、学校現場にはさまざまなトラブルの訴えがあります。もっともな訴えもありますが、中には、ほんとうに非常識な保護者や地域の声に、学校も教師も張り合いをなくして、一歩踏み出す勇気を失ってしまいます。

　私は、現役のころに、保護者の声には誠実に耳を傾けるように精進したつもりです。しかし、中には「教師を護るために」体を張っ

て保護者に逆に訴えたこともたびたびありました。保護者が自分の子どもしか視野に入っていない，自分の子ども中心に考えている，そのことが理解できないのではありません。親であるならば当然であろうと思うのです。問題を口に出して，学校を痛烈に批判したり糾弾したりすることには，徹底的に私は闘ったつもりです。「子どもの人権（いのち）」ももちろん大切ですが，それと同等に「教師の人権（いのち）」も大事なことです。保護者が子どもの言動を鵜呑みにして，あれこれわがままなことを言ってくることに，私は，「それであなたの子どもさんは一時的に逃れるように思うのですが，本気で子どもを成長させたい，本気で子どもを人間的に賢く育てたいと思ったら，お母さん，今の言葉を考え直してほしいと思うのですが」と訴えました。

　誤解を恐れずに言えば，「子どもはまだまだヒト科の動物」です。人権を認めることと，「子どもを甘やかすこと」が混在的にとらえられてはならないと思うのです。子どもは，これから人間的に成長する「生き物」です。本気で子どもの「いのち」を磨くことを大切にするのであったら，歯を食いしばって涙をこらえて，教師も保護者も，子ども本人も精進しなくてはならないことがあるのです。そのことをおろそかにしているのが，今の世の中ではないでしょうか。
　「子どもに苦労をさせない」ことと，「子どもを悲しませない」ことが混同されているように思うのは私だけでしょうか。「たのしい」「おもしろい」だけで子どもは成長していっていいのでしょうか。いや，そんなことで子どもは成長していくのでしょうか。「苦しいこと」「つらいこと」を乗り越える試練があって，子どもは「喜び」や成就感を味わうことができるのです。「つまずき」や「失敗」があっても「起き上がるいのち」に子どもたちを鍛え上げていくこと

をおろそかにしているのが，現在の日本ではないのでしょうか。暖かい春の太陽と冷たい北風に当たってこそ，人間は，「やさしくたくましくなっていく」と思うのです。

学校は子どもたちが人間性を磨く「プロセスの場」です。幼児期の教育やしつけを含めて，もう一度「子どものいのち」を見つめ直していきたいものだと思います。そして私は，リーダーが峻厳とした信念に支えられたリーダーシップを発揮して，「教師のいのちを磨くこと」がそのまま「子どものいのちを磨く」ことにつながる学校経営を模索することを願っています。

4 「あなたはどうしたいか」問う

学校経営はリーダーである校長，教頭などの役職の存在が大きな「色合い」を出していきます。とくに「校長の存在感」が，その学校を良くも悪くもすることは間違いありません。職場の空気を支配する影響力を強く持っているのです。ただ，そんな校長を含めたリーダーに，「聴く耳」を持つ姿勢があるかどうかが問われます。

部下である一般の教師たちの声に耳を傾けるだけの資質をリーダーたちが持っているかということです。

私が現役のころに強く戒めたことがあります。
それは，一般の教師たちと雑談することをたのしむ姿勢についてでした。他愛のない話で懇談するのです。格別問題があってのことではありません。むしろ，何も問題がない，用事がないときにすることが，「雑談の効用」だと言えましょう。話題は私生活のことから，学校のことへ，また担任している子どもや保護者のことなど，多方面にわたります。そんな中で，さまざま問題が噴出することも

あります。そのとき，私は校長としての考えをすぐに述べるのではなくて，その教師たちに「あなたはそのことをどうしたいと思うか」と問うことを基本にしてきました。

「あなたはそのことをどうしたいか」と問うことは，校長の考えを押し付けることではありません。その教師の考えを引き出すことです。ときには「どうしたいか」は，もう少しシビアに「どうしなければいけないと思いますか」にもなります。そんな問いかけに，教師たちは戸惑いながらも自分の考えを披瀝します。

私が思うに，学校経営は，校長や一部のリーダーたちが推進するものではないと思っています。一般の教職員全員の「経営感覚」が生かされてこそ，エネルギーのあふれる学校経営が可能だと思います。「あなたはどうしたいか」「どうしなければいけないか」と言われて，意見を言う教師たち。そのことは，学校経営の中身にかかわって言えば，「その教師が経営の当事者になること」だと思います。「オレの意見が取り上げられた」「私の意見が反映された」ということは，教師たちに「自分がこの学校経営の主体者になった」ことを意識させます。

教師たちの中には，かなりしっかり者の人もいて，考えを筋道だてて述べる人もいます。そんなときは私も感心して聴いています。また，別の意味で過激な意見を述べる教師もいます。そういうときも私は校長としてあわてることなく，「あなたの考えはとても参考になったよ。私も見通しの中で考えてみたい」と軽く受け流します。そんなやりとりがあれば，彼に，無視された，排斥されたという意識にさせないで，話を進めることができます。要するに職場の仲間である教師たちが，「学校経営の当事者になる」自覚が大事なこと

です。そのためには，つねに聴く耳を持って，「どうしたいか」「どう考えるか」「どうしなければいけないか」を問えるリーダーとしての資質を持つことがきわめて重要な姿勢だと考えます。

5 「学校の営業は授業だ」を貫く

　どんな職場であっても，リーダーとしてのもっとも必要な資質は，「現場主義」であることです。リーダーが殿様気分で，浮かれているようではその現場も荒れていきます。

　では，学校において現場はどこでしょうか。私はそれについて躊躇することなく，「授業をしている教室だ」と言い切ります。学校は企業ではありませんから，適切な言い方ではないかもしれませんが，「学校の営業は授業だ」と思うのです。教師と子どもたちが格闘している教室こそが，授業実践の現場であり，学級経営の現場です。その「現場」にかかわらずして，リーダーが信頼され，リーダーシップを発揮する場はありません。

　リーダーの中には，毎朝，あるいはさまざまな時間帯に学校内を巡視する人もいます。廊下を歩きながら，教室で行われている授業や活動を垣間見ていくのです。多くのリーダーはそういうことを日課のようにして，取り組んでみえることでしょう。ただ，私が懸念することは，「校内を巡視」することが，どのくらいの手間暇をかけて行われているかということです。朝の散歩のように校内をぐるりと30分か1時間かけて歩いて廻ることが，「校内巡視」になっていないでしょうか。それはただの「散歩」だと思います。

　私の知っている校長の中に，年間100回前後の授業参加・授業参

観をしている人がいます。その校長は，教師たちの求めに応じて教室訪問するのです。授業参観はその教室へ行って，空いている椅子に座って一緒に授業を見ています。子どもたちの活動の様子を見ているのです。授業参加は，実際にその教室の子どもたちを支援したり活動を促したり……またときには，授業者である教師の板書をお手伝いしながら，授業に加わっていくのです。それに加えて，その授業者と一緒に授業の進め方を考えたり，授業の教材研究をしたり……それはまさに現場において「その教師と苦楽を共にするリーダーの姿勢」です。

　その校長は言います。「私は授業実践に卓抜した力があるわけでもありません。むしろ『しろうとの目』しか持ち合わせません。しかし，しろうとの目でおかしいな？　はてな？　と疑問を持つことはやっぱり変な状態になっていると思うのです。しろうとの目でいいなと思うことはやっぱり子どもが学習しているいい姿です。だから，教科を越えて『しろうとの目』で私は教室へ行きます」と。その上に立って，その校長は，教室訪問された教師が，「お得感を持てた」と感じるような機会にしたいなと常々考えてやってきたというのです。

　この校長の言葉は示唆的です。高邁な専門性を持ち合わせていなくとも，現場の教師たちのよき理解者になり，一緒に苦楽を共にすることこそが，すべてです。その姿勢が，職場の中に程よい緊張感を与え，「みんながんばっているから，自分もがんばろう」と動く雰囲気を醸成しているのです。「現場から隠居」している校長やリーダーに子どもを任せることはできません。出張や渉外的な仕事も大事ですが，現場をないがしろにしていては，学校経営は「倒

産」します。そんなことを感じます。

6 子どもの名前を知っているか

　学校現場には，子どもがいます。担任教師をしていない教師たちの中には，「私は自分の学校の子どもの名前を全部は知らないのですよ」と言う人がいます。大規模校で1000名にも近い生徒や児童がいると，確かに名前を覚えることは難儀なことです。しかし，それでもリーダーには，「子どもの名前を覚えてほしい」「覚えなければいけない」と強く思います。ここでも「現場主義」の発想が重要なことです。名前を覚えるということは，「その子どもが視野に入る」ということです。

　名前を覚えるということは，格別深くその子を理解していなくてもいいのです。「とにかく名前を覚える」のです。それをノルマとして自分に課すのです。そんな姿勢で子どもたちとかかわっていると，子どもの動きをよく追う教師になります。子どもの活動や遊び，奉仕活動の輪の中に，自ら入っていくリーダーになります。

　今学校現場で大きな問題になっていることは，トラブル的なクレーマーの存在です。保護者や地域のさまざまな大人の介入によって学校がめちゃくちゃにされていることが多々あります。その場合，そのクレーマーが一方的な暴言を吐いているのであれば，事態の修復にそんなに時間はかかりません。困ったことに「学校側にもそれなりの落ち度があった」という場合があることです。ふだんから「現場」に深くかかわって，子どもの名前も理解しているリーダーであれば，対応は機敏に行えます。それが「現場も知らない」「子どもも知らない」では，「あなたはそれでも教頭と言えるか！」と相手の逆切れを誘うことになります。

私のこのような発想は，学校の今置かれている状況をしっかり把握している人から言えば，到底四役に「子どもの名前を覚える余裕がない」と言われることでしょう。それほど事務量は煩雑になってきています。さまざまな通達文書の整理から始まって，報告文書の作成，起案などを含めると，ほんとうに膨大な仕事量です。私もそれを知らないわけではありません。そういう意味で今のリーダーは「受難な時代に生きている方々だ」と同情を禁じえません。ほんとうに気の毒です。にもかかわらず，このような無理な注文をつけるのは，「子どもの名前を覚える」ことがすべての仕事の「原点」であるからです。心ある保護者にも，クレーマーにも，「自分の子どもの名前を知っていてくれた」ということは，大きな印象を与えます。

　学校現場にゆとりのないことが，今の教師たちをほんとうに苦しめています。「自己責任」の発想が，教師たちから「ゆとり」を奪い，心を入れて仕事をする余裕を失わせています。ほんとうに厳しい現状が見えています。そんな中で私の「現場主義の発想」や「子どもの名前を覚えよう」は，更なる追い打ちかもしれません。しかし，この二つの視点から目を逸らさないかぎり，事態は必ず好転してくると信じてほしいと確信します。どうか先生方，がんばってください。

2 「ちょっと無理してがんばる」経営を

　「学校経営が難しくなってきたな」とつくづく思います。それも「子どもたちが難しくなった」「親が……」ということだけではありません。むしろ、学校を一番支援し、指導監督する教育行政が、学校現場を苦しめている……そんな気がします。現場には悲惨な現実味のない制度改革の嵐が次々に浴びせられます。「学校の自己責任」をこれでもかと問うような文書の嵐もあります。ダムが崩れたかと思われるほどの、書類の洪水に学校現場は溺れています。

　今や、学校現場のリーダーの裁量で学校経営の成果を生み出すことができにくい環境になってきています。教職員が、「夢と希望を託して、心豊かな人間を育てる営み」の余地を見つけにくい学校現場です。

　それでも教師になった以上、教職員のリーダーになった以上、逃げ腰になったり消極的な経営になったりしてはなりません。私は声を大にして言います。「確かに学校現場はますます息苦しく経営しにくい環境になりましたが、それでも、意識して取り組めば真新しい改革への希望がないわけではありません」と。「先生方、どうか、『ちょっと無理してがんばる学校経営への挑戦』をしましょう」と。

1 「教育実践の日常化」こそが基本

　「優れた料理人は、年一回の道具の手入れで腕を磨くことはできない。日々、これ丹精を込めて磨いてこそ、切れ味鋭い料理を作る

ことができる」と言われます。教師も年一回の研究授業をしただけで，その腕を磨くことができるはずもありません。日々の精進が大切なことは言うまでもないことです。

　しかし，そのことは言うほど簡単なことではないのです。毎日の勤務時間の中にどれほどの教材研究をする時間が確保されているのでしょうか。教師たちがお互いに切磋琢磨して議論したり実践を検討したりする時間が，どれほど保障されているのでしょうか。そんなことを思うと校長を含めたリーダーは，何も言えなくなります。ほんとうに「時間がない」のです。

　もともと教育実践や学校経営は，時間生産できないことなのです。ある時間内に定量的に生産することのできる仕事ではありません。そこに「労働者としての教師の位置づけ」は，端から無理な話です。今の学校現場が辛うじて維持されているとすれば，それは時間も負担も背負いこんだ善意ある教師たちの献身的な精進以外に何の根拠も見つけられません。「人を育てることへの初志」を高く掲げて，ただただ「教え子の人間的な成長に」希望を見出す教師たちの営為が，今の現場を支えているのです。そんな教師たちを拝むような気持ちで見守っているのが，今の学校のリーダーたちではないでしょうか。

　私が13年間の校長職にあったとき，「いかに短い会議にして効率化を図るか」「いかにして，安直に授業実践や学級経営の理念・方法を学ぶことができるか」に腐心しました。そこで辿り着いた結論は，「校長以下，学校の四役というリーダーたちが，いかに教師たちのよき相談相手になるか，どのようにして苦楽を共にする具体

な実践事実を生み出すか」でした。会議を開かなくてもできる経営への模索です。時間をかけなくてもできる実践検討です。そのためには，四役が，「出前をする」ことです。四役が一歩前に出て，動いて，現場に足を踏み込んで，教師たちと具体的に苦楽を共にする覚悟が必要です。校長室にとどまっていては経営はできません。職員室の事務机から離れないと実践検討はできません。

　私は，かねがね「いかに日常的にちょっとがんばれば，教師としてのやりがいを味わえる境地に，教師たちを立たせることができるか」そのことばかりを考えてきました。「教育実践の日常化」は，私の現役時代を通じての課題でした。

- 子どもとアイコンタクトをすることによって授業参加を高める
- 三色のチョークの効果的な活用で，板書を構成する
- 延長授業を絶対にしない。5分前には授業着陸態勢に入る
- 挙手のときに，「はいはい」と声を出して挙手する子どもたちにしない
- 毎日，1時間の授業だけ一生懸命教材研究をする
- 「見つける学習」方式を取り入れて，どの教科も学習方法・学習規律を築く

　などの具体的な学習規律や方法は，そんな教師たちとの格闘とも思える苦楽を共にする「現場主義」の取り組みの中から，生まれてきました。机上のプランニングではなくて，「今目の前の子どもに試したら，子どもの顔つきが変わった！」という事実に支えられてみんなで意見交流を図り，学校経営に反映していったのでした。まったく逆説的な言い方ですが，そのために校長以下四役である

リーダーたちが，実に根気強く教師たちとコンタクトを取り続け，時間で測れないほどの苦節を重ねていったのです。「ちょっと無理してがんばると授業実践がおもしろくなる」「ちょっとがんばって知恵を出すと子どもが変わる」という事実を生み出すのに，校長である私が安易な取り組みで，何を実現することができるのでしょうか。

　教育実践の日常化を図るために，その実践活動が根付くために，校長である私は心血を注ぐ覚悟と根負けしない持続的な応援を怠ってはならないのです。自分自身に負荷をかけていくリーダーにのみ味わえる境地に立ってほしいと願わずにはおれません。

2 事務屋になるな，助っ人になれ

　D教務主任は，女性教師です。彼女は，その学校で一介の担任教師でした。その彼女を教務主任に登用したのは，その学校の校長であるN先生です。N先生は，D先生の学級経営力，授業実践力を高く買っていました。保護者からの信頼も高く，同僚の教師たちの信望も厚いものがありました。N先生はD先生を事務屋にしたくないと強く思っていました。ですから，この登用はなんとしても，この学校の授業実践や学級経営の力量を向上させるために，尽力してほしいと念願してのことです。

　ところが，D先生が教務主任になって，いざ新年度を迎えてみると，年度初めの書類の山に埋まって悲惨な顔つきになってしまったのです。それまで書類の受け入れ仕分けを教頭がやっていました。教頭は忠実に真面目に校内分掌にしたがって，書類を仕分けていたのですが，「これではいかん！」とN校長は，その「仕分け」を自

らすることにしました。そして，D先生が書類の処理に忙殺されないように校長自ら背負いきれるものは背負い，さらには廃棄する書類は責任をもって廃棄するという勇気ある決断をしたのです。そのおかげでD教務主任にゆとりがわずかに生まれてきたのです。D教務主任はその校長の思い入れの温かさに感激して，ほんとうに授業相談，教室訪問，さらには若い教師たちとの教材研究に時間をかけたのでした。

　学校における「授業の番人」は，教務主任だと言われます。まさにその職責を問えば，それに違いありません。しかし，いくらそうではあっても，時間的にも物理的にもゆとりのない教務主任では仕事をしたくてもできません。思い切った英断をしないかぎり，「現場主義」の学校は生み出せないのです。

　私たちは，学校現場へ思い描く「夢」があります。しかし，現実は教務主任も，教頭も，渉外的な仕事や書類の作成，それらの報告・連絡，整理に忙殺されます。「これではいけない」と思いつつも流されていきます。そんな中でいつの間にか，四役は肝心の仕事の責務を放置して「事務屋」になっていくのです。これはほんとうに由々しき事態です。もっとも一日中パソコンとにらめっこして，「これが私の仕事だ」と変に納得しているリーダーもいます。そういう立場が数年続いていったあげく，校長職になったとき，いざ学校経営を考えようと思っても，すでに「時遅し」の感があるのです。授業実践の感覚はにぶり，学級経営はお任せ主義にならざるをえません。そして，現場の授業や学級経営さらには学校経営から「隠居」したリーダーになっていってしまうのです。なんと悲惨な現実でしょうか。

改めて思います。私たち教師があくまで悪戦苦闘する場所は，教室という現場です。そこで勝負できる「助っ人」になるようなリーダーが今ほんとうに求められているのです。

3　動脈硬化では「流れ」が詰まる

　学校という職場が活力ある仕事場になるためには，「流れが滞った状態」が一番危ない状況です。人間の体で言えば，「動脈硬化を起こして，流れが詰まった状態」になることです。昔から，学校も含めたビジネスの現場に「ほう・れん・そう」という仕事のわきまえを表した言葉があります。「報告・連絡・相談」を速やかにして，トラブルや問題への対応を確実に行うことを戒めた言葉です。

　Y先生は，24学級もある大規模校の教頭職にありました。そのY教頭にその学校の多くの教師が厚い信頼を寄せていました。それは，Y教頭の「読心術」と言うのでしょうか，実に教師の振る舞いや顔つきから，「あの教師は今どういう状態にあるか」を読み取ることに長けていたのです。若い教師が浮かぬ顔をしています。そうすると別室へ呼んで，「なんだか心配ごとでもあるようだね」とY教頭の出番になります。またあるときは，保護者との長電話をしている教師の姿に，「何があったのですか。話してみてくれないですか」と優しく寄り添うのです。

　Y教頭は，みんなが仕事を終えて帰り支度を始めるころを見計らって帰ります。そんなとき，ある教師が「こんなにも仕事が次から次へと覆いかぶさってきては，病気になってしまう」と愚痴とも嘆きともつかないつぶやきをしました。Y教頭は，それを見逃しません。すぐに彼の今抱えている仕事を見直して，すばやく校長に相談していくという手を打つのです。いつの間にか，その学校ではY

教頭を「仏の仕事人」と呼ぶようになりました。

　Y教頭は言います。「それは確かに，ほう・れん・そうは大事です。でも報告・連絡・相談があってから動くのでは，ほんとうに問題を解決したことになりません。事前にキャッチして，微妙な事態に対応する機敏さと大胆な手の打ち方が重要なことです。私は頭は悪いですが，人の動きは意識して見ようとしています。そのことで未然に解決したり『うつ』状態になった教師たちの力になれたりしたら，こんな仕事冥利はありません」と語ってくれました。その学校でのY教頭への信頼度はとても厚いものがありました。「仏の仕事人」というあだ名が実に的を射ていました。

　リーダーというと，華やかな表舞台での仕事を想定されがちです。しかし，Y教頭のように裏方に回って，みんなの面倒を根気強く，ていねいにみる，リーダーの存在は欠かせません。職場の風通しをよくして，流れを爽快にする仕事が期待されます。

4　反発と新提案は紙一重と思え

　リーダーは機会を見つけては，教師たちに「建設的な意見や考えを積極的に出してください」と言います。リーダーが，職場の仲間に意見を積極的に求めていくことは，ほんとうに大切なことです。ところが，この「建設的な」が大きな問題を含んでいます。

　それは一言で言えば，リーダーの意に沿うような意味での「建設的な」になりがちであるということです。どこの学校にもみんな同僚性があり，連帯感があって，それでも一枚岩になっているとは言えません。むしろ異質で多様な人材で構成された教職員であることが「普通の学校の人材」です。中には思想信条を大きく異にする教

師もいることでしょう。

　ある学校で，B教師という俗に言うところの「過激な教師」がいました。彼は仲間の中でも際立つ存在で，なにかにつけて上司を攻撃したり反対したりすることで，評判になっていました。管理職のリーダーたちにとっては，排斥したい教師の一人でした。職員会議やさまざまな機会をとらえて，学校経営を批判したりぶち壊そうとしたりするのです。当然のことながら，学年主任的な立場や校務分掌の中でも重要なポストに彼を起用することはしていませんでした。できるだけ影響力の少ない立場やポストをあてがっているという状態でした。
　その学校に，新たに赴任したO校長は，その現状を見て「どうにかしなければいけない」と思案しました。

　B教師の意見の中には，職場の中にいる弱い立場の教師を擁護するような発言もあります。そんなことで彼の存在を肯定的に見ている教師もいるのです。O校長は「彼を排斥している今のリーダーシップの取り方は，ますます彼を反抗的にして，彼のみならず学校の結束力やエネルギーを大幅に弱くしている」と見ました。O校長は積極的に教職員と懇談をする校長です。B教師ともたびたび懇談をしました。警戒心の強いB教師は懇談を嫌がる態度を示します。つまりO校長がB教師を「説得する」「懐柔する」策に出ているととられたのです。O校長はそのような考えがなかったかと言えば，うそになります。しかし，表面だってB教師を排斥することや潰すことをするような態度をとりませんでした。むしろ，B教師の意見を積極的に受け入れていく姿勢さえ見せたのです。そして，B教師の過激な発言や学校経営批判には，「いますぐに君の考えを生かし

て実現するような道筋を立てることはまだ不可能だが，大いに参考にさせてもらうよ」と言うのです。そんな話し合いの中で次第にB教師も態度を軟化させていったのです。

そして翌年度の校内人事では彼を学年主任に登用しました。校務分掌も特別活動主任に起用して思い切った配置転換をしたのです。教頭や教務はその人事案件を不安視する気持ちにもなっていました。しかし，O校長は「オレを地獄に落とすならば落としてもみよ。甘んじて受ける覚悟だ」と言い切ったのです。

人間はやはり人間関係の中で生きているのです。そのO校長の大胆な改革が見事にB教師の職場の中での人間関係を変えていったのでした。

たとえB教師ほどに過激で異質な教師ではなくても，多様な考えを持っている教師がいます。そのような教師の意見や発言をリーダーの意に沿わないということで，排斥するような器（うつわ）の小さいリーダーでは，到底学校経営は推進できません。清濁併せ飲む覚悟こそが，ピンチを打開する策であることを肝に銘じて経営したいと思います。

5 失敗や試行錯誤を大事にする

今の学校現場は失敗が許されない状況にあります。私が「失敗や試行錯誤を大事にする」なんて言うことは，まさに時代錯誤かもしれません。

それでもあえて私は，失敗や試行錯誤を大事にしてほしいとリーダーたちに訴えたいのです。いや言い方を変えるならば，「部下で

ある教職員の失敗や試行錯誤に寛容であってほしい」ということです。もちろん「いのちにかかわること」は，そんな悠長なことを言ってはおれません。しかし，そうでないことには，寛容であってほしいのです。

　「開かれた学校」とか，「子どもの人権」が声高に主張されるようになってから，皮肉にも，学校現場からのどかさや癒しの空気がなくなっていきました。教師たちは，いつもいつも神経をピリピリさせて，自分の仕事に「落ち度」がなかったかどうか，戦々恐々としているのです。そうならざるを得ないのですね。
　「社会科の授業で見学に行った帰りに子どもたちが，交通事故に巻き込まれる」「理科の実験中に怪我をした」「掃除の最中に喧嘩になり，相手の子どもに大怪我をさせてしまった。監督不行き届きで訴えられた」「廊下に置いてある教具につまずいて転んで骨折した」など，数えれば切りがないほどの事件や事故が多発するのです。そのたびに，事故の顛末書を作成して教育委員会や関係諸機関に報告するのです。学校は二重三重に，負担感と疲労感を増幅させて，教育活動はますます萎縮していきます。

　確かに失敗や挫折はないほうがいいし，事件や事故もないほうがいいのですね。しかし，「事故や事件に学ぶ」ことは大事なことです。学校は責任を取らなければならないことを自覚しながらも，過剰な責任の取り方を追及されると，「取り締まりを重視する学校」になり，事故や事件の起きない経営感覚にならされてしまいます。これでは学校が「子どもの可能性を追求して，心豊かでたくましい人間教育をする場」からは，はるかに遠のいてしまうように思います。そもそも学校は，「失敗やつまずきから学び，賢くなっていく

場」であるはずです。「何度も何度も失敗したりつまずいたりしても起き上がって再度挑戦するような人間を育てる場」であるはずです。

　こうやって記してきて思うことは，「失敗や試行錯誤を大事に」ということをリーダーたちに要求することが，どだい無理な話だなと私には思えてきました。それは社会全体が学校をどう見るか，どう支えるかという，もっともっと大きな社会規範や視野に立たないと学校教育の真の役割が何であるか，かすんでしまいかねないとさえ思うのです。そんなことを思うと，校長や教頭を含めた学校のリーダーたちが，教育行政はもちろん社会に訴えて学校教育を理解する働きかけを組織的にしていくことが必須の仕事だと思えてきました。

　沈黙するリーダーたち，沈黙する管理職になるのではなくて，学校の窮状を訴え，実情を理解してもらうことでしか，道は拓けません。そんな施策をどう展開するか，これからの現場で真剣に考えていくことだと思います。

Ⅲ
「苦楽を共にする」が，最大のリーダーシップ

1　「見える」リーダーの条件を養う

　「見える」ということは，何を見ることでしょうか。何が見えるようになることでしょうか。それは，「職場の空気を感じる目と心」があることです。アンテナが錆びついている人は不適格なリーダーです。

　ちょっと別の言い方ですが，どんな職場でもリーダーたちは，「見られている存在」なのです。自分は部下のリーダーとして，部下を見ていることが意識の中にあります。しかし，ほんとうはそれ以上に職場の教職員に「見られている存在」であることを忘れてはなりません。部下はリーダーであるあなたの振る舞いをじっと目を凝らして見ているのですよ。スポットライトを浴びて舞台で踊るあなたが「はだかの王様」になっていないでしょうか。失礼な言い方ですが，かなりそのことを意識して学校経営をしていきましょう。

　そして「見える」リーダーは，部下である教職員を「生かす」ことに通じているのです。いくら「見えていて」も「生かすすべを知らない」では，見えているとは言えません。そんなことを考えながら，経営しましょう。

1　雑談を意識してできるか

　校長を含めたリーダーたちは「見られている存在」であると言いました。それは自分が一教師として仕事をしていた職場を思い出せば，すぐに思い当たることです。部下は，リーダーがどんな振る舞

いをするか，どんな言動をするかを目を凝らして見ています。そして，その振る舞いや言動で教師たちは，やる気にもなるし，まったく萎縮したり腐ったりもするのです。

　私は，自分が四役の時代を通じて一貫して意識して取り組んできたこと，それは「雑談を教職員とする」ことでした。授業の空き時間に，休み時間に，授業後のほんのちょっとした時間に，職場の教職員を意識して校長室や別室へ呼んで，語り合うのです。それは「他愛のない語らい」です。まさに雑談そのものです。
　「校長先生との話し合いは，不思議な時間でした。何も話題がないような，そんな緊張感の中で校長室のソファーに腰をおろしながら，自分の子育てのこと，最近観た映画のこと，またテレビや本の話題など，実に取りとめもなく話すのです。いつの間にか，校長先生と話していることを忘れて，世間談義をしたり，嫁姑のことを話題にしたり……そんな中で自分の教室のことも聴いてもらったことがあります。……校長先生は，決して押しつけがましいことを言われません。むしろ，私のもやもやとしていることを吐きだすような時間でした。……時を忘れて話し込むこともありました。愚痴のような弱気なことを言ったことも思い出します。」これは，ある40代の女性教師の述懐です。

　「校長室で校長先生と雑談するなんて聴いたとき，いったい何を話すの？　と思ったものです。校長先生は確かに職場のお父さんのような存在ですが，あまり親近感がなくて，距離を置いて考えていました。それだけに，校長室に呼ばれた最初のころは，なにか悪いことでもしたのかと思って，おそるおそる校長室へ入ったものです。」そんなふうに，笑いながら言う教師もいます。

雑談に，目的や魂胆をちらつかせたとき，途端に教職員は口を押さえます。学校経営のことや，学級経営，授業実践のことを話題にすると重くなって，教職員は聞き役に回ってしまいます。これではまずいのです。所期の目的は，なにかをもくろんでする姿勢を見せたら，まず失敗になります。まさに「他愛のない話」でなくてはなりません。

　「校長先生は，雲間の月のような存在がいい」という人もいます。つまりときどき顔を出すような，いてもいなくてもいいような存在です。しかし，それでは学校経営を視野に入れた教職員の結束も生まれません。矛盾したような言い方ですが，雑談は「学校経営への大きなステップ」です。だからこそ，「学校経営・学級経営・授業実践にかかわらないことを話題にする」ことです。

　別の言い方をすれば，リーダーである校長や教頭と，一般教職員が，人となりや心の中を含めて，普段着の中で，互いにキャッチボールができる関係になることです。「私させる人，あなたする人」というような上から目線で教職員と向き合うのではなく，まずはそれを剥がして，それを壊して「一体感」「同僚性」を生み出す基盤をつくるのが，この「雑談」にあるのですね。

2　不満や不平に耳を傾けよ

　リーダーのいないところで愚痴や上司の悪口の飛び交う職場にしてはなりません。もっともリーダーのことを肴に話が盛り上がるのは，どこの職場でもつねにあることです。しかし，蔭口をリーダーに聴こえないところで言い合う職場は，危機的な職場になっていきます。人間の体に深く潜り込むガン細胞のようなものです。

Ⅲ 「苦楽を共にする」が，最大のリーダーシップ

　反対にリーダーに向かって，率直に不平や不満が言われる職場は健康的であると思います。表面に膿が浮かび上がってくるからです。

　校長や教頭の中には，不満や不平を言われると，顔色を変えて嫌な顔をする人もいます。聴く耳を持たない人と言っていいでしょうか。不満や不平を直接リーダーに言う教職員は，かなりの勇気と決断を持って訴えてきているのですね。もともと訴えることや「なんとかしたい」という強い願いを持っているからこそ，言ってくるのです。そのことを思うと「よく言ってくれたね。ありがとうございます」が最初の言葉でありたいなと思います。もっと言えば，不満や不平ととらえることこそが問題です。「勇気ある提言」として受け止めるべきなのです。
　リーダーの経営理念や方法を批判するような言動であったにしても，怒ってはなりません。「よくぞ言ってくれた！」が，「演じられる」リーダーになったとき，その懐の深さと広さに教職員は感激することでしょう。そして，「この人のためなら……」と意を強くするものです。

　よきリーダーは自らの中に，「アクセル」と「ブレーキ」を持ち合わせています。学校経営をしていくとき，アクセルとブレーキの使い分けが適切にできることは，まさによきリーダーの条件です。しかし，そんなことは，なかなかできるものではありません。ノーブレーキで突っ走ったり，衝突事故を起こすまで運転をしていたりする自らの至らなさに気づかないリーダーも多々います。有頂天になるほど「うまくいっているようなとき」「窮地に陥ったとき」に，「立ち止まって考えることのできるリーダー」になるためには，なかなかな人格と素養がなくてはなりません。そんないものねだり

をするようなことで，問題は解決しません。

　そういう意味からも，一般教職員の不平や不満を快く聴く耳を持つことは，リーダーたる者の大きな武器です。なくてはならない資質です。

③　動かないと「見えない」

　ほんとうに当たり前のことですが，校長室や職員室だけにいては，「見えません」と断言できます。リーダーは，腰軽く動くことが，要求されます。椅子に座って決裁をしているだけでは，何も仕事をしていることにはならないのです。

　すでに，「子どもの名前を覚える」「授業参観・授業参加をめざす」などと記してきました。「雑談をして見える目をさらに開く」ことも書いてきました。それらも，「動かないと見えない」ということにつながります。

　校内を動いていると，さまざまな情報が入ってきます。不思議と言えば不思議ですし，当たり前と言えば当たり前ですが，「悪いことや困ったことは，目をつぶっていても見えるが，いいこと，がんばっていることは，意識して見ないと見えてこない」ということです。

　確かに，動きの悪い教師の姿，具合の悪い状況にもいろいろ手を打たなくてはなりません。しかし，一番重要なことは，「いいこと見つけ」が確実に意識してできることです。

　事実，学校の中を動いていると，思わぬ子どもががんばっていたり，いままであの程度の教師であろうと思っていた教師が実は確かな実践をしている姿に出会ったりします。こんなときは，小躍りするくらいうれしいものです。動いていた甲斐があったというもので

Ⅲ 「苦楽を共にする」が，最大のリーダーシップ

す。

　教務主任のW先生は，その立場上，担任教師が出張したり欠席したりするとその学級の補欠に入ります。そんなとき，W先生は決して自習をさせてその「番人」や「子守り」のようなことをしていません。W先生独自の教材を持って行って「飛び込み授業」をしたり，その教科の授業の続きをしたりします。そして，その授業が終わった後，さまざまなことが見えてくるのですが，W先生は意識して「この子がよかった！」「こんなうれしい動きが生まれた」ということをその担任教師に伝えることにしています。

　とくにW先生は，その担任教師の苦手にしている子どもや，授業の進め方の欠陥的なことについて，「先生，あなたのクラスのあの子は，なかなかの資質の持ち主だねえ」と言って具体的に話します。ふだんはあまり挙手しない学級であっても，W先生との授業で，どうやったら，挙手が盛んになったかを語ります。

　その話題は，一つ間違うと，その担任教師の弱点を突くような話ですが，そこに最大の神経を使いながら，「見捨てたものではない」「イイ芽を持っている学級（子ども）だ」と持ち上げます。

　担任教師は毎日毎日同じような生活の繰り返しの中で，学級経営や授業実践をしていると，見えなくなる部分があるのです。それを覚醒していくのです。そのことが，W先生の「仕掛けワザ」です。担任教師はW先生のそんな話に恐縮しながら，「そうですか。私も自分を反省して，がんばります。ありがとうございました」と返事をしてくれます。

4 「ひたすら生かす道を探る」リーダーであれ

　いくら「見えていて」も，それがその教師や子どもを生かすことにつながらないかぎり，「見えている」とは言えません。

　教頭のP先生は，毎週教師たちが提出する週案簿（一週間の指導計画と実践の内容を反省的に書いた記録簿）を通して，教師たちと語らうことを大切にしています。週案簿の一週間の反省欄には，それぞれの教師の一週間の実践で感じたことや悩み，歓びが端的に，またあるときは，詳細に綴られています。P教頭先生は，それを読みながら，その先生と対話するがごとく，コメントを付記するのです。職場の中には，自分の家庭を背負って勤務している教師もいれば，実践に行き詰まって折れそうになっている教師もいるのです。そんなそれぞれの教師の姿をつぶさに観察して，その教師を癒すがごとくコメントするのです。

　「あなたのクラスの前を通ったら，トイレや靴箱のところに花を飾る子どもたち（具体的に名前が書いてありました）に出会いました。ちょっといじめっ子のようにふるまっていると聴いていたN子さんがその仲間にいるではありませんか。驚きましたよ。先生の気配り熱い学級経営の賜物を見せてもらった歓びが私にもわきあがってきました。」いじめ問題で悩んでいる担任教師へのコメントです。「P先生，ありがとうございます。あの子をほめることができます」と担任はほんとうにうれしそうに教頭と笑顔で語るのでした。

　P教頭は「私の家は百姓でした。昔，私が子どものころ，親父が夕方になると田植えの済んだ田んぼを見に行くのですね。水がちゃんと入っているか，浮苗がないかどうか，育ち具合はどうか，と。

それを『田まわり』と呼んでいました。私も親父がやっていたように、『田まわり』をしているだけなんですよ。教室の隅っこで泣いている子、みんなの見えないところでどぶ掃除をしている子、一年生の面倒をやさしく見ている中学年のCさんのような動き。そんなことを見て回ると、子どもたちの息遣いが私にも届くのです。それを先生方にもお知らせして……なんとか学校中のみんなで子どもを育てる仕事をしている……私のようなできの悪い教頭でも少しは役に立つかなと思っているのです」と語るのです。

P先生の下座に生きたそんな語らいやコメントの綴りが、担任教師たちの宝になっていくのです。それは地味な仕事ですが、確実に学校の経営を元気づけ、みんなをやる気にさせているのでした。

5 迅速な対応、ていねいな処置

学校生活をしている子どもたちに、気を許せないのは、毎日の生活の中で起きる事故や事件です。多くの子どもたちのいる学校では、怪我や急病になる子どもたちがいることは、当然のことです。

問題にしなくてはいけないのは、体罰まがいのこと、「いじめ」や暴力、器物破損にかかわることを見逃したり迅速な対応ができなかったりする場合です。

あるとき、一人の教師が、「A子を叱りつけてしまったら、泣いてどこかに逃げて行ってしまって……探しているのですが、いまだにわかりません」と蒼白な顔で職員室に駆けこんできました。A子がいなくなってすでに2時間ほど時間が過ぎています。

すぐに職員室にいる教師や学年の先生方で「A子を探す役割」「保護者に連絡して事情を話す担任教師を中心にした教師たち」「教

室に残された子どもたちへの事後指導をする教師」と，三組に分かれて対応しました。

　A子は自分の家に帰ったものの，家の中に入れず車庫の隅っこに隠れて泣いていました。保護者である母親は，「なんでそんなに先生はきつく叱ったのですか」とヒステリックに問いかけてきました。担任教師とさらに一緒に付き添って行った教師は，あまりに保護者が感情的に学校の対応を責めてくるので，「すみません，私の指導に行き過ぎがありました」とオロオロするばかりでした。その子どもを叱責した中身に至らずに，ひたすら謝って学校に戻ったのです。

　夜になって，昼間の出来事を，父親を交えて話し合いました。学校側は，担任教師と学年主任，それに教頭先生です。その話し合いは，学校の謝罪を中心に進んで行きました。父親は「家でもあまりきつくしかったことがないのに，学校の先生は感情的な叱り方をする」ときわめて険しい顔つきで担任をにらみつけます。母親もそれに同調するばかりに，あれこれ過去にあった担任教師のやり方に対する不満をぶつけてきました。話し合いは長い長い時間を経過しても少しも解決の糸口が見えてきません。

　その日はとうとう3時間にも及ぶ懇談でしたが，中途半端なままで終わりました。すっきり和解に至らなかったのです。この事件はその後も，A子のことが別のことでも問題になるたびにこじれた形で再発するのでした。

　この事例の場合，体罰まがいのことをしたこと自体は決していいことではありません。しかし，いかにも問題であるのは，対応が迅速でなかったことです。後手後手に対応が遅れていったことです。さらに加えて，担任教師がA子にした「体罰まがいのことの真相」

Ⅲ 「苦楽を共にする」が，最大のリーダーシップ

をはっきりさせないままに，「謝って済まそう」としたことです。学校の教師の仕事は，「子どもたちを人間的に賢くたくましく育てる営み」です。そのことを思えば，子どもにとってつらいことであっても参加させなくてはなりません。A子はもともと教師に反抗的でなにかにつけてトラブルの多かった子です。そのことが，A子を挟んで保護者と学校の担任教師が対決した形になり深い溝をつくっていたのです。

　子どもを教育するために，教師には懲戒権も認められています。事実を冷静に記録化して，ていねいに処置していく粘り強い冷静な指導姿勢が，その担任やそれを支えるリーダーになかったことが，問題を大きくこじらせてしまったのでした。教頭，校長は，A子のことで，どんな苦労を担任教師がしているかも見届けられていなかったのです。事情がわからないままに保護者に詫びて事を解決した状態にしようとしたことが，問題をこじらせていったのでした。

　私たちリーダーたる教師は，孤立した担任教師の仕事ぶりが見えているでしょうか。「子どもが見える担任教師の仕事ぶりが見える寄り添い方」をもっともっとふだんからしていかないといけない事例として深く戒めたのでした。

2 「実践参加する」リーダーになれ

　リーダーによく見られる傾向に,「私やらせる人,あなた（部下）する人」と決めつけていることがあげられます。これは大きな間違いを犯していると言わざるを得ません。確かに立場が違えば,仕事の内容も変わります。担任教師と教頭職では,学校経営への対応も違ってきます。それでも,リーダーたる人に苦言を呈するのならば,「苦楽を共にする」動き,「共感的な一体感のある」仕事への対し方が求められます。その実績の上にこそ,部下たる職場の教職員もやる気になって動くのです。

1 我流から「学びの経営体」へ

　H中学校は,授業崩壊や非行問題で苦しんでいました。いわゆる「荒れた中学校」の典型のような状態になっていました。生徒たちの中には,家庭的に恵まれない生徒もいて,不規則な生活や親の愛情をまともに味わったことのない荒んだ生活を送っていたり,低学力であえいでいて,授業に立ち向かう気力の萎えた生徒がいたりして,校長以下の管理職は深く頭を痛めていました。

　校長のE先生は,どこから手をつけていったら「学校再建」になっていくのか,見えない状態でした。「生徒を語る会」をやったり,外部の専門家にアドバイスを求めたりしましたが,これといった解決策が見えてこないのです。生徒の学習への立ち向かい方の弱

Ⅲ 「苦楽を共にする」が，最大のリーダーシップ

さ，生活の乱れが，何をどうしていったら改善するのかが見えてこないのでした。

E校長は，教頭をはじめリーダーである学年主任を含めて，「自らの学校を自らの目や心で診断して，再建策をつくりあげよう」と呼びかけたのです。生徒の朝の登校から始まって，朝のあいさつ運動，服装や身なりの様子，欠席状況，授業の始まり，授業の進め方など，ほんとうに100項目にも及ぶ診断項目をあげて詳細に学校内部を精査したのでした。

その過程の中で，大きく浮かび上がってきたことがありました。それは一言で言えば，一人ひとりの教師は，懸命に努力をしているのだが，みんなの精一杯の努力がバラバラになされていて，学校の組織が「連帯感のある経営体になっていない」ということでした。それぞれの教師たちの努力にそれほどの手抜きもありません。みんな自分の生活を犠牲にして夜遅くまで仕事をしています。しかし，その仕事の中身を見ていくと，教師間の連帯感や共同体としての意識に欠けていました。つまりそれぞれの教師が「我流」でやっているのです。

ずっと昔の学校であれば，一人ひとりの教師の我流は，ある点でそれぞれの教師の「個性的な応対」として，生徒も新鮮な気持ちで受け止めていました。しかし，今は違うのです。一人ひとりの教師の個性が「我流」になって，生徒の指導に一貫性がないのですね。そのことが生徒指導を含めていろんな対応の不具合になっているのでした。

H中再建プロジェクトは，リーダーたちを中心にして「H中学校再建ルネサンス―我流から経営体への構想―」を力強くまとめたの

でした。「H中流授業名人免許皆伝への道」「愛ある生徒理解にたった教師生徒指導術」「保護者や地域の信頼を得る情報の開示の在り方」などなど，教師の仕事の日常的な取り組みの基本的なあり方をシンプルにまとめてみんなで，その実践活動に迷いなく突き進んでいきました。

荒れた学校を再建することは，容易なことではありません。H中学校の場合，校長の陣頭指揮のもと，内部の実情をつぶさに見直してていねいに分析する仕事をしたことが，大きな功を奏したと思うのです。E校長の「荒れは学校の日常的な内部の経営にある」の一言が，具体的な見直し作業になり，再建へとつながっていったのでした。

2 「授業参観」から「授業参加」へ

H中学校の話題をもう少し続けましょう。H中学校の再建で一番困難を極めたのは，「授業改善」でした。それは言うまでもないことですが，中学校は「教科担任制」をとっています。800名を超す大規模校に属するH中学校では，それぞれの教科での研鑽は他の学校並みに行われていたのです。しかし，その授業改善の方策は，「教科の壁を乗り越えて行う」ことができないままで過ぎていきました。「私は国語の教師で，英語教育や英語の授業のことはわかりません」「体育の教師である私には，数学の授業にはまるでしろうとですから……」とみんな引いてしまうのです。教科の壁があまりに高く，それを越えて協議することは不可能でした。

そんなとき，私（前田）に「授業改善の方策について，妙案はないか」と問い合わせがありました。私は一言で「教科を越えて授業

Ⅲ 「苦楽を共にする」が，最大のリーダーシップ

を見ることです」と答えました。英語の授業を全校の教師が見て「学ぶ」のです。それは，H中学校にとっては，前例なきことでした。英語の授業のことは，英語の免許を持っている専門教師のテリトリーにあり，他の教師が口出しすることは，タブーだったのです。

　私は他教科の授業を参観することに尻込みする教師たちの尻を叩きました。「他教科の授業と言ってもたかが中学校の授業だよ。あなたがたは高学歴の身です。そんなところで消極的になってはなりません」「むしろ，しろうとの目が大事です。しろうとの目は，生徒の目線でもあるのです。しろうとが見て変だなと思うことは，生徒も変だな，やる気が出ないと思っている」と後押しして授業参観は始まりました。

　互いに他教科の授業を参観すると「あの先生は，いままでこういうやり方で授業をしていたのか」「学習規律が私の授業の場合と大きく違う」「生徒の中でも教科によって，授業に参加する意欲に大きなずれがある」などと，まさに新発見が次々になされていったのでした。このことは，「生徒目線で授業改革を図る」勢いに弾みをつけました。「学習規律のあり方」「学習課題のつくり方」「返事や起立のさせ方」「アイコンタクトの徹底」「板書の基本的な仕方」などなど，教科を越えて「生徒にとって学びがいのある授業の実践」がめざされていったのです。

　私はさらにH中学校の教師の背中を押しました。それは「体育の先生であるR先生に英語の授業のサブティーチャーをしてもらいましょう」と無理難題を押し付けたのです。国語の授業を専門教科にする教師に数学の授業のサブをやってもらうなどと，「授業参観」をするだけではなく，実際に「授業参加」して生徒の学習を支援す

る，指導することに動いてもらいました。

　このことは，思わぬ効果をもたらしました。クラスの担任教師は美術科の専門であるのに，国語の授業に参加してもらったり，また，社会科の教師に英語の授業に参加してもらったりしました。それは生徒にとって，とても新鮮な驚きを生み出したのです。
　「私のクラスの先生は美術しかできないと思っていたら，国語もすごく教えてくれて……」「社会の先生だと思ったら，英語もとてもよく知っている」と自らの担任教師を見直す生徒の声があちこちにおこってきたのです。担任教師への新たな信頼の高まりにもなっていったのでした。社会科の教師だから理科の授業には詳しくないと思っていたのに，担任の先生が補助してくれた，わかりやすく説明してくれた，宿題を点検してくれた，と。

　教科の壁を越えての「授業参観」「授業参加」の試みは，H中学校に「授業革命」を興したのです。それは教師だけの問題ではなくて，生徒の教師を見る目の意識改革にもつながっていきました。「授業改善」の前に大きく立ちはだかっていた壁は，見事に突き破られてH中学校は「学校再建」へ大きく動き出したのです。

　私は願っています。授業参観だけではなくて，「授業参加」するリーダーの輩出を願うのです。リーダーである校長や教頭が授業に具体的に参加していくことです。それは確かにかなりの勇気を必要とします。いままでの学校の風土からは違和感があるかもしれません。しかし，そこを一歩突き破っていくとき，その学校の中で「教育活動の積極的な拡大再生産」が行われていく状況を生み出していくと信じます。リーダーがまったく授業や学級経営・学年経営にか

かわろうとしない学校は，反対に「縮小再生産」の蔓延している学校として，「倒産状態」に追い込まれていくと思うのです。

3 会議で事を進めるな

　学校も昔と比べると，ほんとうに会議が増えてきました。何かを立ち上げるとそれに付随して会議を定例化していく傾向にあります。「いじめの問題」が騒がしくなれば，「いじめ・不登校を考える会」を立ち上げます。新学習指導要領の施行年度になれば，また「学習指導要領伝達講習会」が行われます。「食の教育」「環境教育」「不審者対策」などなど，会議は増えるばかりで減ることはありません。教頭や教務主任は行事予定表を見ながらため息をついている……そんな状態がどこの学校でも現実の問題として深刻な状態になっているのではないでしょうか。何を削ると言っても決断がつかないままに増えるばかり。スリム化していかないととても教師の仕事は過密になって，心落ち着けて考えることから，ほど遠くなるのです。あまりの過密な日程や会議に，教職員は窒息状態になります。

　会議を減らして，いかにしてスリム化していくかは，今や学校現場のリーダーの腕の見せ所になりました。学校現場の公共性から，いろいろな名目の会議を削除してしまうことは，なかなか勇気がいります。ただ，いろんな会議を集約したり合併したりして，単純化するというか，シンプルな精選の手法を駆使する必要は大いにありそうです。たとえば「就学指導委員会」「いじめ・不登校対策委員会」「生徒指導委員会」などは，「子どもを語る会」で一本化するのです。毎日の授業後が，会議で膨れ上がっているような過密スケジュールでは，肝心な学年運営や教材準備・授業準備の時間も確保できません。

それでは，会議を削除して不都合は起きないでしょうか。私は，職員室での会話に，リーダーが大いに一般の教職員と「立ち話」をすることをお勧めします。それではものごとを落ち着いて考えることにはならないと，反対の声が上がるかもしれません。しかし，「根回し」という手法もあるように，学校内部のさまざまな運営事項が「会議」を開かないと実施できない学校は，形式主義に陥って仕事ばかりが増えていきます。ふだんの勤務状態を見ていて，リーダーたる存在の立場で動き，集約していくのです。打診や聴き取りをつねにして「根回し」することです。「会議」を開くことになれば，「ペーパー」も用意しないといけなくなります。そのためにまたまた準備の仕事が増えます。そんな煩雑な仕事を増やしてはなりません。

　T小学校では，「書き込み黒板」「伝言掲示板」が職員室の壁面に常掲されています。そこには，各係の教師からの伝言や今現在抱えている学校経営上のさまざまな検討事項をあらかじめ書き込んだり掲示したりして，事前に教職員の目にさらしています。教職員は自分の手のすいた時間を見つけてそれを見ておきます。そして，意見の集約は立ち話を中心にしてリーダーである立場の者が，発信，集約の仕事を行っていきます。そうすることによって，職員会議の検討事項も格段にスムーズに意思の疎通が図られるようになっていきました。

　また会議のほかに学校現場を悩ますのは，「出張」の多さです。いくら形式的な出張ではあっても，簡単に欠席という判断もできません。このような出張などのスリム化のためには，校長会議，教頭会議を通して教育行政に実情を丹念に訴え，一学校の問題ではない

という視点に立って動くべきです。難しいことですが，根気強い取り組みがいよいよ求められる時期になってきています。

4 異業種のリーダーに学べ

　リーダーは，バランス感覚のよい判断，決断が求められます。そのためには，日ごろから「時代の風を感じ取る気風」と「人間教育に不易な側面」をしっかり学ぶ姿勢が必要です。前にも記しましたが，「人間教育を行う学校という現場」は，生産主義の定量化した仕事の体制には，無理があります。もっと落ち着いた時間の流れる時と場が，学校でなくてはなりません。

　しかし，それであっても，リーダーたる存在の人は，世の中のさまざまな異業種で仕事をしている人，多くの先人の業績に学ぶことを忘れてはなりません。

　学校の校長や教頭職になった人は，格別校長・教頭職の哲学や経営学を学んでいません。ある日突然ある学校のそのような立場になるのです。担任教師としては優れた教師であっても，学校全体を見渡すリーダーとして的確な教師であるかどうかは別問題です。授業実践が優れていた教師でも「指導的な立場」になったとき，果たして「よきリーダーになれる」という保障はありません。

　そんなことから，当たり前のことですが，教育者としての偉大な先人に学ぶことや，今現在の教育界の抱えているテーマについて，しっかり学ぶという務めをおろそかにしてはなりません。

　「よきリーダーなるために，先人から学ぶこと」は，当然のことと言えます。もっともっと大切なことは，教育界以外の異業種に専心している世の中のリーダーたちの仕事ぶりや問題への立ち向かい

方について，大いに識見を深めていくことです。教育行政の主催で，またあるときは自主的な会の運営で，「異業種の覚者に学ぶ会」も企画されています。しかし，その機会だけに甘んじているようではたいへん心もとない感じがします。めざすべき学校のあり方を探るべく，真摯な自己研修が求められます。

　一旦，教頭職になったり校長職になったりすると，そのことに甘んじて，それ以上の「夢や願い」を追求することからリタイアしてしまう人がいます。学校の危機管理や人間教育のあり方を，怠らず求める学校のあるべき姿を希求することをしなくなってしまうのです。これではとても教職員や保護者，地域から信頼されるリーダーにはなれません。何よりも子どもたちから見放されます。

　私自身が，異業種の先哲に学んだことは，稲盛和夫氏の「現場主義の徹底」であり，松下幸之助氏の「大きな聴く耳を持つ知恵」です。山田無文氏の「自己をきたえる精進」からも大きな影響を受けました。それらが，私の貧相でくじけそうになる意思や願い・実践へのアプローチを辛うじて支えてくれたのでした。

　学校をリードする立場を与えられたら，互いに切磋琢磨して同じ立場にある者が学び合うこと，異業種にある方々に学ぶことを自主的に立ち上げていくような気概がほしいと思います。それこそが，ほんとうの意味でリーダーになっていくことであると思うのです。

5　効率化を優先するのではなく，無駄を大切にせよ

　学校は定量化した生産方式が適用される場ではありません。前後の矛盾をあえて恐れずに言えば，「無駄の効用」を十分理解した

Ⅲ 「苦楽を共にする」が，最大のリーダーシップ

リーダーであってほしいと念じています。

　合理的な効率主義が，学校現場へ導入されてきました。成果主義に支配される現場は，殺伐とした空気に覆われて，教職員は，孤独感と自信喪失感につぶされてきたのです。全国的に見ても，「うつ」状態の精神疾患で療養休暇や休職・退職に追い込まれる教師たちが，急激に増加しています。このような実態を放置していいものでしょうか。このような現実を見たとき，教育界をもう一度立て直す措置がていねいに施されないと，日本の将来はありません。

　授業時間の増加，評価主義の浸透，綿密に仕組まれた管理主義は，多くの学校現場に重い疲労感を蔓延させ，新たなエネルギーの再生を阻むばかりです。私は思います。いや，心底訴えたい気持ちです。それは「学校現場に穏やかな空気の流れる癒しの施策を早急に実現してほしい」ということです。打算的な成果主義とは決別した学校経営を模索する「やりがいのある職場」にしてほしいのです。

　かつて企業の中にも，社員を自由な時間管理のもとに置き，道草をよしとして，創造的な仕事を生み出すシステム実現のために動いた事例がありました。学校現場にもそのような風が流れてほしい，教職員を形式的な時間管理や仕事の量で拘束する効率主義を排除してほしいのです。一見無駄とも思える雑談や遊び心がある職場，子どもたちと時を忘れてかかわれるひととき，ピュアで清冽な生き方を語り合える職場の空気を実現してほしいのです。

　しかし，そのようなことは，「待っていて」は実現しそうもありません。ここは，リーダーのまさに自己責任で，勇気ある決断をす

べきではないでしょうか。職場の中に穏やかな空気の流れる時と場を実現していくリーダーの決断です。覆いかぶさってくる怒涛のような外部の洪水におぼれさせない学校経営の実現です。それは言うほど簡単ではありません。命がけの経営信念を持ってしても危ういでしょう。にもかかわらず私は，そういう道を選択することにやりがいを感じるリーダーの登場を待ち望んでいます。理念も展望もなく，ただ真面目にやるリーダーは，害あって益なしです。

　自らの職場に，「無駄な夢をむさぼる時間を位置づけ，当事者意識の高い職場の実現」こそが，今こそ求められる道であると思います。険しい峻厳な切り立つ峰は，その向こうにあります。歯を食いしばってがんばってこそのリーダーだと思います。

6　地域のネットワークを築け

　「学校を開く」ということが，流行語のように言われた時期があります。今でも決して死語になった言葉ではありません。

　私は「学校を開く」ということで，心に鮮明に残っているリーダーを思い出すのです。U校長は，「学校を助けてほしい」ということを，校区の会合や催し物のあるたびに言い続けてきました。地域の会合はほとんど夜の時間帯に行われます。その時間帯に「わざわざ出向く」のです。自治区の区長会や女性会の集まり，自主クラブ活動の集いなどに足しげく通いました。U校長は，そこでそれぞれの趣旨で行われている活動の中身を学びながら，その一方で「学校に力を貸してほしい」「明日の日本を背負う人材育成にみなさんの知恵や労力の提供をお願いしたい」と繰り返し繰り返し申し出たのです。

Ⅲ 「苦楽を共にする」が，最大のリーダーシップ

　このU校長の動きは，すぐには理解されませんでした。しかし，U校長は，日常的な授業参観や行事があるたびに，そのような組織や地域の活動母体に働きかけて招待状を出し続けました。不登校やいじめの問題，授業に参加できずに多動で動き回る子どもたちの現実，その一方で合唱祭に感動的な歌声を披露する子どもの姿，テーマを持って自由に学習するグループ発表などを公開しました。

　とにかく学校へ来てもらう，見てもらう，語り合ってもらうことを「これでもかこれでもか」とやっていったのでした。はじめはよそよそしく関心もあまり向けない団体や地域の有識者が動き出したのは，そのような活動を展開して２年目が終わろうとしていたころでした。まずは「おやじの会」が発足しました。地域の高齢者が中心になって，学校の登下校の安全活動も動き出してきました。掃除の時間に一緒に子どもたちと活動する動き，トイレ掃除に企業の参加者を得たこと，校区の病院のお医者さんが健康教育に積極的に動き出してくれたこと，趣味の活動をしている自主グループがクラブ活動のスペシャル講師になってくれたこと，授業に補助的な立場で支援する父母の会が立ち上がったこと，などなど，きわめて手広く活動への参加が得られるようになっていったのでした。

　それはまさに「おらが学校」を意識させる地域のパワーを実現したものでした。地域のネットワークの濃密な絆の中に学校が位置づいていったのです。U校長は，感慨深い気持ちで語るのでした。「今の世の中はみんな自分のことで忙しいように見えます。しかし，その一方でネットワークがズタズタになっていて，濃密な人間関係が形成されていません。地域の活動も学校と同じように『孤立』しているのです。そのネットワークを再形成することに地域のみなさんの『やりがいと連帯感』が結び付いていったのです」と懐かしそ

うに語るのでした。それは「待っていても」実現できません。献身的なリーダーの精進があって、やっと実現にこぎつけることです。

7 自主研修の立ち上げを

それぞれの学校のリーダーに当たる人たちには、不思議なプライドがあります。他校のリーダーである校長や教頭たちが、自分の学校のさまざまな問題や研修のあり方、さらには学校の経営実態を情報交換することに、躊躇するのです。

他校の教師同士の研修の場で、お互いの学校の実情を忌憚なく披瀝することには、何か自分の学校の恥をさらす、あるいは自慢話をする、というような妙に閉鎖的な雰囲気があるのです。

T市のH教頭は、先輩校長であるR先生に相談して、「学校間の危機管理を強めたり、自ら進んで情報交換を勇気を持って行ったりして、連帯感のある学校経営への精進をしよう」という自主的な「学びの会」を発足させました。T市の中には、公的な校長会の組織、教頭会の組織はあります。教務主任の会もあるのです。しかし、その公的な会は、あくまで定期的な打ち合わせであったり、形式的な会議の中身を持っていたりして、なかなかそれぞれの学校の現状に踏み込んだ話し合いは不可能です。ましてや「リーダーとしての悩みや問題を、腹を割って話し合うこと」には、ほど遠かったのですね。

それをH教頭は、尊敬しているR校長に発起人の中心になってもらい、発足させようとしたのでした。

その会の趣旨に賛同して会員になった校長、教頭は、15名でした。その会を発足させるに当たって、

Ⅲ 「苦楽を共にする」が，最大のリーダーシップ

・公務員として知り得た情報を開示することで，不利益が生じないように，守秘義務を遵守する。
・危機管理的なこと，トラブル的なことなど，事例研修を充実して，互いに不測の事態に落ち着いて対応できる素養を身につける。
・先人の知恵やワザに学ぶべく，輪読会を位置づけ，意見交換をする。

　の三点を確認して動き出したのでした。とくにその学校の事例で知り得た情報に対しては，最大限の配慮と責任を持って守秘義務を遵守することを何度も何度も確認しました。

　それぞれの学校の勤務終了後の時間に，会はもたれました。「学ぶ会」は，予想以上の熱心さで進められたのです。それは，事例研究でのさまざまなトラブルへの対処の仕方（たとえば，いじめや不登校の事例研究から始まって，水泳中の事故や教職員の人事管理まで）が，互いに披瀝され，お互いに危機管理やリーダーとしてのあるべき対処の仕方，指導の仕方の「引き出し」が充実していく手ごたえを参加者に与えたのです。
　輪読書には，さまざまな本を取り上げて，読後感が熱心に話し合われていきました。一カ月に一回のその会は，その後も継続されていると言います。

　それぞれの学校のリーダーたる教師たちが，「自分の抱える問題の解決のために意見を聴きたい」「力をつけて落ち着いて対応できる処方を学びたい」「真のリーダーたる素養は何か，身につけたい」という，それぞれの願いを持って，その会は運営されていったので

す。そこから，骨太で信念を磨いた新たなリーダーが育っていったことは，もちろんのこと，緊急事態に対して，会の仲間に直接相談して，事態に落ち着いて対応する情報交換も行われて，大きな成果をあげていったのでした。

　今や互いの学校は，孤立した状態であってはなりません。厳しい困難な諸問題の山積する学校現場を一人の知恵で乗り切ることは，不可能極まりないことです。これからは，学校間（小学校同士，中学校同士，さらには小中学校の連携強化を含めて）の連帯と学び合いを強めていって，知恵ある経営の手腕を磨きあげていくことです。それが，今やもっとも求められているリーダーの資質向上につながっていくと信じます。

Ⅳ それぞれのリーダーシップを発揮する教師たち

「リーダーシップ」と言っても,「ザ・ベスト・オブ・リーダーシップ」なるものがあるのでしょうか。「こうすべきだ」「このようにしなくてはならない」という決め手があれば,リーダーになることに,さしたる苦労はありません。時代の状況,職場の風土,事の状況によって,リーダーの姿は千差万別であり,さまざまな状況に応じて対処してこそ,子どもたちを育てるよりよい志向を図ることができるのだと思います。

　これから,三人の教師に登場願います。私自身が,これまで出会った教師の中で,そのリーダーシップは際立つものであったと確信している人たちです。その実践の姿は,まさに多様ですが,何がリーダーとしての見識になって,「人を動かす」知恵やワザになっているかを,じっくり読みとってほしいと思います。

Ⅳ　それぞれのリーダーシップを発揮する教師たち

1　女教師たちへの応援歌
―林知子先生の場合―

　本文に入る前に，ここで少し林知子先生のことを紹介したいと思います。林先生は，島根の地で生まれてから大学を卒業するまでお過ごしになりました。それから愛知の地に教師として赴任されたのです。林先生の言によれば，林先生が教師になろう，なりたいと思ったのは，「小学生のときに出会った先生や授業に魅せられて，教師の道で生きたい」ということがきっかけでした。大学時代は，斎藤喜博氏や多くの偉大な先人たちの著作を読みあさり，教師への想いをさらに強くしていったのでした。

　林先生は言います。「私は，愛知の中で，四役と呼ばれるうちの校務主任，教務主任，教頭職と，その職場，職場で立場を与えられてきましたが，一度も自分がリーダーであるという意識はなかった」と。校務主任時代は，有能な用務員さんに支えられ，環境整備の仕事で見つけた木々や花々をどう教材化していくか，発信したのです。教務主任時代は，みんなが，授業実践が好きになって，がんばるためにはどうしたらいいかを考え続けてきたのでした。それはいつも自分の授業への夢をどうやって実現するかに重なっていたのでした。そのことが結果として，「教師たちの実践の中に，いつも自分を見つけ，それを歓びとしていくことになっていった」ということでした。

　それでは，林先生の語りに目を移しましょう。

1 教師への道のり

今思い出すと自分でもよく歩いてきたなあと思います。行ったり来たりの道のりでした。ボロ布を継ぎ足して，新しい作品を生み出していくようなおもしろい歩みでもありましたが。

① 「島小の女教師たち」との出会い

教師が，教職の道を選ぶ動機づけは，人それぞれでしょう。

私は，小学校一年生の担任の先生がオルガンの前で歌う姿に，心惹かれて小学校の教師をめざしたと言っていいでしょうか。その姿は何十年経った今でも忘れることのできないものです。そしてまた，四年生のときに出会った，たった一時間の強烈な授業も，私の夢の道を確かなものにしました。「授業がおもしろい！　この時間が終わっちゃあダメ！」教室で展開される話し合いの授業に魅せられました。

その後，学年が進むにつれて，多くの先生の授業に出会ってきました。その一つ一つの授業が私の抱いた希望を揺るぎないものにし，私は当然のように，教員養成課程の大学に入学していったのです。

私が大学二年生のときに出会った一冊の本は，「教師になりたい」という，夢でありながら霧がかかっているような願望に対して，鋭い矢を放ってきました。それは，「教師ってね，そんなたやすいものではないのよ」という厳しさを実感させるとともに，「教師の世界って，こんなにも自分を成長させていく場なんだ」の想いを熱くするものでした。その本は，斎藤喜博解説による赤坂里子著『島小で芽を吹く子ども―六年間持ち上がりの記録―』でした。赤坂先生が，斎藤校長のもとで，自分の資質と格闘しながら，子どもたちを

六年間育てた実践書です。最初は，斎藤校長の学級授業訪問から逃げていた彼女が，階段を必死に上りながら，教師として成長していく姿がそこにありました。

　この本の中で，後々まで私の支えになったことが，二つあります。
　一つは，教師のすばらしい実践は，学校集団の実践力が創り出したものであること。一人ひとりの子どもや教師たちが，教師集団や子ども集団の影響を受けながら，それぞれが自分の力を磨き，授業を創造し，学校を創り上げていくのです。
　さらにもう一つは，教育実践では，つねに事実を大事にして，事実によって考え，事実を動かしていくことが重要であるということです。具体的な学校現場を目の前にせずに，頭でっかちになって夢を追い続けていた大学二年のときでした。

　この書に続き，『島小の女教師』『現代の女教師―学級の子どもと共に―』を無我夢中で読み続け，そこで，女教師たちが学校現場で豊かな存在感と「共にある」ことに，大きな歓びを感じました。さらに，「女教師のための人生論」は，それまで結婚と同時に，ダメになると言われていた女教師たちの現状や人生観，教職観，母親としての生き方を書き綴ったものです。今でこそ，「女教師」という言葉については，多くは語られませんが，昭和40年代のまさに女教師の職場での地位がクローズアップされてきた時代背景と，私自身の「学び」とは，重なっていたのでした。

②　子育てとの両立の難しさ
　昭和40年代，50年代の女教師たちは，「子育てと仕事の両立」でたいへん頭を悩ましたことと思っています。もちろん，今だって

そうです。が，そのころは今と違って働く仕組みとして制度もたいへん未熟でした。

　核家族であっても働き続けたいという女教師たちは，子どもを預かる保育園の問題，保育時間の問題にぶつかりました。どうしても勤務時間内で仕事が終わらない職場にいながら，二重保育を余儀なくされた教師たちもいました。自分の子どもの授業参観に行きたくても，現在のように補充体制もままならず，個人の都合で年次休暇を取ることに抵抗感を感じたのは私だけでしょうか。

　授業を入れ替えてもらって，やりくりしながら授業参観に出かけ，参観したことを自分の子どもたちに知らせるために，そっと手を振って合図して，たった五分の参観で帰ってきた女教師たちの切なさを，忘れることはできません。しかし，働くということはこれだけ厳しいことなんだと，お互いに言い聞かせながら励まし合って勤務してきました。

　自分の子どもが，小学校へ入学してからは，学童保育や放課後の過ごし方の問題にも直面しました。

　そういう中で，「育児時間」が制度化され「育児休業法」「育児休業法の延長」や「行事や授業参観に参加できる家族休暇」や「介護休暇」が進みました。昭和40年代，50年代に勤め始めた教師たちの人生は，働く制度の改善の道のりの中にありました。

　平成の時代に入り，働く環境は整ってきました。が，新たな教育環境は，女教師たちを働きにくくしているようにも思います。

　子育てと仕事の両立で苦しみながらも働き続ける女教師たちが身につけたものは，「教師のたくましさ」だと思います。

　また，働く厳しさの中で，支えられた温かさもたくさん受けてき

Ⅳ　それぞれのリーダーシップを発揮する教師たち

ています。そのことが，子どもや保護者を見る目になっていることも事実です。

　教師として，働くことのたのしさ・おもしろさを知った私ですが，こうした中でも自分の初心である「女教師としての実践」をいつもどこかで感じながらの歩みでした。

③　女性教師としての特質を生かす

　現在，小・中学校の教職員構成を見ると，男性教師に対して，女性教師の比率が大きく上回り，職場によっては7割を超えるところも出てきています。校務分掌を見ても，学年主任を女性が占め，これまで男性のものと言われてきた生徒指導主任を女性が務めるところもたくさん出てきています。中学校の学年主任を，女性が占めるところも出ているようです。ここ10年を見ても女性のリーダーの立場への進出は大きくなりました。リーダーとして男性教師と女性教師が同じ振る舞い方ではなく，女性教師としての個性を持ったリーダーになってほしいと願うばかりです。

２　共に授業を創る

　学校が大事にすることの一番は，やはり授業だと思います。そんな授業に最後の日まで，こだわったことは，幸せだったと思うのです。そして，こだわりを捨てることなく，働かせてくれた周りの環境に感謝するばかりです。

①　女性リーダーとして私がやれること

　教頭という学校づくりに携わる職についたとき，「校長を助ける」ということをどう具体化するかを考え続けました。どんなに模索し

ても，「女性教師として培った財産を，自分の糧として学校づくりに参加することが大事だ」という考え以外に，よい考えは浮かんできませんでした。自分の教師人生を基盤にして，学校長を補佐しようという思いでした。

　教師生活の後半十数年は，校務の傍ら職場の教師たちと授業づくりに取り組みました。「団塊世代の私たち教師が次の世代につなぐことが重要である。私たちがもらった財産をバトンタッチしたい。それが使命だ」と口にして自分の仕事を続けてきました。その積み重ねを，学校のリーダーとしての任務としていこうと思いました。校長の経営方針と何ら反することではありません。私の持ち場で学校長を助けることになるのだと言い聞かせたのです。
　「授業づくり」とは，特別に勉強会を設定するというのではありません。ありとあらゆる場を使って授業について学び，語らい，創っていく営みです。

　しかし，それはあくまで建前であり，私の本音は「私も一緒に授業づくりをしたい」ということでした。自分の思いを実現しながら，職務の充実も図ることができる姿を思い描いたのです。職場のリーダーとしての仕事の山の中に，自分の居場所を持ち，幸福感を得る場を持つことは，さまざまな困難な課題にも対処できる力になったような気がします。

②　あなたの授業の中に私がいる

　授業づくりに一緒に取り組んだからと言って，私がそれまでどれだけの授業を創造できたか，誇るほどの授業を創っていったか，学級を創っていったか，それは，悲しいかな，ありません。ほんとう

にないと思っていました。

　学級経営に長けた教師の姿に羨望を抱き，授業に長けた教師の授業にあこがれと，ときには嫉妬心さえ抱いている私にとって，少しでもその域に近づくには，教師たちの学級の中に自分を見出すしかありませんでした。「一緒に授業づくりをする」というのは，上位目線からの指導でなく，いつも一緒に悩み考えるという方法でした。共に取り組んだ教師と私の違いは，「たくさんの失敗をしていたこと」「転んでも何かをつかむ貪欲さ」「理屈より先に動くこと」そして「とっても授業が好き」というくらいでしょうか。もしかしたら，子育てと仕事の両立でのあがきから身につけたことかもしれません。

　私ができなかったことを職場の教師がやり遂げたり，予想以上の授業になったり，それぞれの場で私の思いが実現する喜びは私を奮い立たせました。あの学生時代に読んだ本の一説「素晴らしい実践は学校集団で創り出す」ことをいつも思い出していました。

　参観する授業の中に，私を見出し，私の足跡を見出す喜び。私が創った新しい授業の姿を見出す喜び。それが「共に授業を創る」支えでした。それは，美辞麗句を並べるほど，気易いことではありません。日常的に教師たちと「苦楽を共に」することは，根気強さをこれでもかというほど，要求されます。しかし，それがどれほどの媚薬であるかは，心底体験した者でないと，感じ入ることのできない境地だと，私は思うのでした。

③　誉めて，課題を見つけて，共に考える

　子どもを育てるとき「誉める」ことの大切さがさまざまなところで言われ続け，教師も実践しています。大人だって同じことでしょう。いくつになっても誉められることは，その人の存在感を大きく

して次への飛躍につながります。
　「共に授業づくり」の基本も、この誉めることです。でも、この「誉める」振る舞いの中に入れたのが「共に喜ぶこと」という営みでした。「上手になったね。すごい、すごい。やれたね。うれしい！」意図的に、共に喜んだのでなく、「あなたの授業の中に私がいる」のですから自然の叫びでした。

　子どもを誉めるときにも教師が気をつけているのが、大事なところで誉めることです。小さい子どもでも「本当に誉められているか」「ただの形式的な、おだてているだけのほめ言葉か」はわかるのです。ましてや、大人同士です。一番うれしいのが、自分をちゃんと見てくれて、ちゃんと一緒に喜んでくれるという感慨なのです。昨日から今日への飛躍を誉め、共にそれを喜ぶことが大切だと、いつもいつも心に言い聞かせながら、職場の仲間と歩んだ日々であったと思います。

　しかし、誉めた授業にも課題があります。登っても登っても頂上は見えず、次の峠があるのです。それが授業だと思っています。誉めて認めて、喜んだ後は、やはり次の課題を共に見つけることのような気がします。
　次の課題が見つかったとき、教師たちは「次、どうしたらいいのだろうか」を考えるのです。しかし、この次を考えるのはたやすいことではありません。前にある課題に対して強く挑戦できる教師は、あがきながら道を見つけます。しかし、目の前の雑用に追われ、とくに、仕事と職場の両立に追われる女教師にとってこれは大きな壁です。自分の課題を見失ったり、道が見えないために意欲を失ったりすることがよくありました。

Ⅳ　それぞれのリーダーシップを発揮する教師たち

　私は、「共に授業づくりを考える」ことの一番大事な段階は、この課題が見つかったときに、次に登るためにどう一緒に悩み考えるかにあると考えます。「うーん」と行き詰まったときに、次の笑顔が出るようにすること。それが、大事だと思っています。
　よく、もっと放り出さなければ強くならない、きたえられないという言葉を聞きます。「そんなに何でも相談に乗らなくても、自分で進む強さを持たせないと大きくならないよ」とも言われます。もちろん、私の出会った教師の中には、そういう強さを持った人もいました。課題を突きつけられたら自分ではい上がるのです。そういう教師には、「認めて叩く」こともしました。

　ある教師が言います。「林先生。先生はひどい教師です。僕の指導案をダメと言って捨てました。破りました」決して破った訳ではありませんが、その教師にとって、そのとき私にダメ出しをされ叩かれたことは、破られたも同じことであったのです。
　しかし、それを踏み台にして奮起した教師にこそ、新たな高みが待っているのです。「考えましたけど、どうですか」「これは、どうですか。絶対上手くいくと思います」と飽くなき挑戦をして大きく飛躍して行きました。だんだん私なりの経験知が増えてくるにしたがって、この教師は少しぐらい叩いても絶対はい上がると確信していきました。

　ただ、多くの教師たちはそこまでの強さはありません。強さはあっても、余裕のない教師もいます。そういうときに「一緒に考えようか。私も考えるから」の言葉が教師を安心させ、実践意欲を高めたように思っています。課題を克服しようと一緒に考えたときに「やれそうです。やってみます」と教師たちは笑顔で応じます。私

は，この瞬間が大好きです。その教師の表情に自分の気持ちを重ねながら，「共に創る授業」のたのしさ・おもしろさをいつも感じたのでした。

④　10人の子どもになって考えていこう

　私が，共に授業づくりを考えるときによく言うのが，「10人の子どもになって考えてみようか」です。学習課題や事象提示をしたとき，子どもたちはどう考えるのだろうといつも思います。そのときに，私の前には私がこれまで出会ってきた子どもたちが出てきます。小さいころの私も出てきます。
　「読書好きで，知識がいっぱいのO男はきっとこう迫って行くに違いない。」
　「たとえば，でいつも考えるA子はきっとこうだろう。」
　「もしかしたらあの子は，これとこれをつなげてこう考えるかな。」
　子どもたちの考えを語り合うことは，教師の懐を広くすることです。授業後よく「あれは予想外の発言で困りました」などの反省の弁が出てきますが，予想外の発言が予想外でなくなり，さまざまな考えをちゃんと受ける教師の力をつけることにつながっていくことを私は願うのです。そして，この予想外と思われるような発言が授業を豊かなものにしていくことを，その教師にも味わってほしい，そのことが，私の歓喜になっていったのです。
　子どもたちになって，子どもの考えを出してみる作業は，子どもたちの考えの分類になり思考の流れが見えてくることでした。すなわち，これこそが「教材研究」です。大げさに「教材研究をやろうか」などでは息が詰まってきます。考えは，10通り出るわけではありません。が，10人の子どもでという視点は，あちこちから考

えてみようという投げかけであり，その教師の担任している子どもを思い浮かべながら，授業展開を具体的にしていく営みであったのです。

⑤ 板書で授業が見える

　子どもたちへの指導として，「ひとり読み」「ひとり調べ」など，一人で考えを見つけて引き出すとき「映画を見るように考えてごらん。その言葉から何が見えてくるかな？」などの言葉かけをよくやりました。子どもたちは，その言葉かけによって筆を進めます。それを授業づくりにも活用しました。教師が自分の行おうとする授業の姿が見えてきたとき，授業へ向かう気構えは，たいへん具体的で鮮明になります。もちろん，授業とはそんなに簡単に流れるものでないことは承知しています。それでも「よしっ」という気持ちになるのです。

　授業が「見える」ようになるために，活用したのが「板書構想」でした。私に授業のノウハウを教えてくださったM先生より板書の大切さを学習しました。板書は，構造的であること，1時間を終わって板書を眺めたとき，授業の流れが見えるものであること，わかりやすいものであることを何度も何度も具体的に学習したのです。

　実際，できあがった板書を見たとき，充実感がわき上がるのです。授業が見えてくるのです。それを共に創る授業研修の場に使いました。

　この研修の場の作業は多くの教師たちにとって，たいへんたのしいことになっていきました。単元名あるいは教材名と共に国語の場合は著者名・作者名を書き，次に学習課題を書きます。その課題に対して，子どもたちはどう迫っていくか，子どもたちの考えを書き出します。子どもたちの考えの中で似ているもの同士をグループに

まとめたり，重要語句や資料を置いたりしている中で，子どもたちの考えのつながりや対比が見えてくるのです。白いチョークで最初に大まかな板書構想を書き，だんだんに書き込んでいくのです。こういう作業をしているとき，教師の輪が広がります。廊下の通りすがりに教室に入ってくる教師，誘い合ってやってくる教師，授業づくりの輪が広がる大事なときになりました。夕闇が迫る教室で熱く燃えた時間になっていくのです。

　頭の中で本時の指導過程を作ることは，ごく普通のことです。でも，授業の流れが見えなかったりすることも多いものです。そういうときに，まず「板書を作ってみて」それを文字に直していくことは，作業効率を良くすることにつながりました。
　この板書は，子どもの発言順に書く時系列的な板書ではありません。板書を眺めながら第一発言者を決め，どう授業が流れていくかを予想します。どのように流れても課題に対してはここまでのところへ向かおうという教師の授業への思いが姿を表してくるのです。授業後，自分の板書をカメラに収めて大事にする教師たちが出てきました。教師たちの達成感が板書に表れ，それがさらに次の意欲へとなっていきました。カメラに収めた板書は，教師のノートに添付され，蓄積されていきます。その教師の大事な大事な宝物になっていったのです。

⑥　「真似をする」大切さ

　「教材を発掘して，教具を新たに作り，単元構想を練る」それは，醍醐味であり挑戦するにこしたことはありません。しかし，目先のことで日々悪戦苦闘している教師の日常では，普段の実践としては不可能に近いことだと思うのです。でも，何かをやりたいと思います。

Ⅳ　それぞれのリーダーシップを発揮する教師たち

　そういうときに，以前の実践に学び，まず真似をすることを進めてきました。前年度にやってきた実践を読み直し，とりあえずやってみることです。手応えがあった実践は，そのまま真似をしてもかなりのところまで深まっていくものだと思っています。子どもたちへの指導手だてにしても，これまで培ってきたものを素直に，「まず真似をすることだ」と思うのです。私は，「だまされたと思ってやってごらん」とよく言いました。まず一歩は，真似をすることから始まるように思います。
　ところが，この「真似をする」ことは，絶対に同じ物を作らないことがわかってきました。それは，目の前の子どもたちの実態が違うことや教師一人ひとりの個性の違いからもそうなります。まさに，「作り方は同じだけど，素材と腕の違いででき上がった料理の味は違う」それと同じです。

　長年，授業づくりに取り組んできたK先生が転勤しました。転勤先でも同じ学年を担任しました。これまで作ってきた自分の指導計画でやろうと実践を始めたのです。ところが，どうしても上手くいきません。K先生は，目の前の子どもたちの到達段階が大きく違うことを見つけました。そして，その子たちに合わせた計画を練り直したのです。それは，意外と簡単な作業だったと言います。
　まず「真似をする」そして「少し変えていく」その流れを作ることによって，実践は太く豊かになっていくのです。
　実践が確かなものになっていくと，新しい挑戦として，自分で素材発掘をしたいという気持ちもわき上がります。こうなると，教師冥利に尽きる味わいを得る教師の誕生になっていくのです。そんな教師の育ちが，私は「わがこと」として大きな歓びになっていきました。

⑦　ベテラン教師の支えがあってこそ

「共に授業づくりを」の推進には，ベテラン教師の大きな力が支えでした。経験が培ったプロの技は誇るべきものです。私が出会ったS先生もK先生も，つねに高いレベルの授業を求めている教師でした。自分が確立した授業に固執しない柔軟性を持ち，さらに新しい挑戦をしようとするのです。ベテラン教師が動くと若い教師はその後を追います。

S先生もK先生も，自分の授業をいつも若手に公開してくれました。「共に授業づくりを」の頼るべき存在でした。この二人のすばらしさは，若い教師の手本となるだけでなく，自分たちも若い教師たちからたくさん取り入れるのです。それが，職場づくりに大いに生かされました。年齢を越えて学び合うことの大切さを私は教えられました。私はそんなとき，ただひたすら「共に学ぶ」ことだけを念頭に置いて歩いたのです。

3　授業づくりで生まれたもの

授業づくりを共に行っている中で，新しく生まれた宝物がいくつかあります。これらは，誰にでもやれて，今後も引き続いて実践を積み重ねられるものになると思っています。

①　「授業ノート」を作る

「共に創る授業」の作業の中から生まれた一つが「授業ノート」でした。多忙な教師たちにとって資料を分類していく時間はありません。そこで，授業についてのことを何でも貼ったり書いたりするノートを提案しました。以前，ポートフォリオという言葉がたいへん流行りましたが，その一つにあたるのでしょうか。でも，分類形式とか順序とかはありません。日付と教材名，何時間目の授業かを

IV　それぞれのリーダーシップを発揮する教師たち

書き込みます。後は，板書を貼ったり，感想を書いたり，ときには子どものノートの一部を貼ったり，自由な授業ノートです。

　もちろん，私のノートもあります。授業を参観した感想をそのノートに書き，そこのページをコピーして授業をした教師に渡します。あるいは，教材について思ったことや単元の進め方例を書き，それをコピーして渡すのです。渡された教師は，自分のノートに貼っていくのです。教師たちから渡された板書写真も次々に貼っていきます。

　教師たちのノートは，一年に何冊にもなる場合があります。一年間終わったときに，自分の何冊かの授業ノートを前にして感慨深い表情の教師もいます。

　私の勤務した職場では，これが，ただ自分のノートとして保管されるのではなく，回覧されるようになったのです。1年生担任のノートが次の年の1年生担任へ，6年生担任のノートが次の6年生担任へと。また，転勤して行った教師の手元にも回覧されています。昨年の実践をそのノートで紐解き，授業の姿を描くのです。はじめてその学年を担任した教師にとっては，そのノートはたいへん強い味方になっていきます。

　私は，学校に実践の積み重ねの資料を保管するコーナーを作ったことがあります。このコーナーは，それなりに役目を果たしました。

　しかし，このノートはその教師の思いで資料がふくらみます。教師一人ひとりの引き出しが資料コーナーとなり，自由に閲覧できるのです。自分の大切なノートだから保管もきちんとされています。

　そして，このノートの積み重ねは，その教師の力の向上の歴史を物語るものとなっています。

② 授業参加からT・Tへ

　教頭職についたころから，1時間の授業を参観するときに，いろいろな手法を使いました。一番多かったのが，授業に参加する方法です。隣で板書を手伝ったり，強調線を引いたり，子どもの発言でこれこそ大事と思ったら，教師に合図をしたりしました。ときには，子どもの席に座って一緒に考え，発言もしました。
　「授業に入ったりしたら，子どもたちが自分の担任教師をバカにする。信頼しないからそういう方法はダメ」と批判を受けることもありました。ごもっともな考えだと思います。でも，私がそのように入ったからといって，その後信頼が落ちて学級経営が上手く行かなかったことは，一度もありませんでした。

　参加するにあたっては，それなりの手だては必要だと思ってやってきました。まず，私とその担任が信頼関係にあることです。そして，参加を受け入れてくれる教師であることです。子どもたちには，参加するときにそのことを告げて了解してもらうことです。
　また，授業後には，必ず子どもたちの学びを讃え，教師のがんばりを讃えました。子どもを讃えるときのグッズが，「100点メダル」「がんばりカード」「感想のお手紙」などです。

　そういう参加を繰り返すうちに，教師たち自身の参観態度が大きく変わっていきました。これも授業づくりから生まれた大きな財産です。
　これまで，授業研究は，ひたすら後ろでメモを取る，写真を撮る，ビデオを撮る，授業後に感想を述べるというものでした。しかし，授業づくりを共にする中で「あなたの授業の中に自分の姿が見える」ようになったのです。

Ⅳ　それぞれのリーダーシップを発揮する教師たち

　私たちは，授業づくりの子どもたちへの手だてとして「話し合いでは話す人を見る」「友だちの考えに反応する」力をきたえていました。それと同じように，授業参観するときに，子どもたちの発言を受けて，「ウンウン」とうなずいたり，ときには「へー，そうか」と声を出したりする教師たちが出てきました。こういう教師の姿を子どもたちは真似ながら，授業は進みます。教師の参加が子どもたちの力をきたえることになったのです。

　そういう参加が次のような新しい参加を生み出しました。
　学習課題に対して子どもたちが追求していく授業の場合，子どもたちに自分の考えを書かせる時間を作ります。「じゃあ，今から5分ね」という授業者の言葉と同時に参観している教師たちが一斉に子どもたちの中に入ります。学年の教師であったり他学年の教師であったりします。そして，対話をしながら子どもの考えを引き出していくのです。次に，子どもたちの考えを授業者に伝達します。授業者の教師は，伝達を受け授業の流れを確認していくのです。
　授業研究は授業者だけのものではない，みんながその授業で力をつけるのだ，子どもを一緒に育てるのだという大きな意識変革でした。
　この姿は，まさにT・Tのあるべき姿のように思います。この方法は，算数少人数授業T・Tの場面でも大いに生かされました。

③　授業公開をたのしむ

　「共に授業をつくる」営みの中で生まれてきたのが，授業を公開することを恐れない教師たち，授業公開をたのしむ教師たちの姿でした。とかく，自分の授業を他の教師に見せることはつらいことだと考えられがちです。が，「何時間目にやりますのでちょっと見て

ください」「最初の提示のときの様子をぜひ見てほしいです」「20分ぐらいしたら，話し合いになります。子どもの話し合いの中に，私がどう出ていくかを見てほしいです」こういう言葉が飛び交うようになりました。外部講師を招聘する授業研究会でも「私。立候補します」という姿勢がどんどん生まれました。

　教師たちにとって，「仲間になって，みんなで学ぶと，いい知恵がいっぱいもらえる」というお得感が生まれてきたと思います。自ら授業公開をする教師の姿勢は，授業場面にとどまらず，学校の校務分掌全体の活性化にもつながっていきました。こういう取り組みの中で，私は次世代のリーダーになる教師を見つけることができました。

4　ほんのちょっとの活用術

　少しのがんばりでいいのだと思います。少しの知恵でいいのです。問題はやることです。とにかく「やること」です。そこから一歩が始まります。

①　ほんのちょっとの勉強会

　教師には，授業後に，授業の準備をする時間や子どもの指導を考える時間が必要です。しかし，現場では勤務時間内にこの時間を見つけるのはたいへんなことです。だからと言ってそのままにしてはいけません。その思いから考えたのが「ほんのちょっとの勉強会」でした。会議の後に，10分ぐらいの時間を見つけてみんなで勉強するというものです。たとえば，1年生の教材の一部を印刷して，そこの部分をみんなで考えるのです。また，一冊の本に書かれている子どもの見方を語り合ったりしました。ほんのちょっとの時間です。また，そのことが直接すぐに活用できるものでもありません。

IV　それぞれのリーダーシップを発揮する教師たち

が，どう考えるかを学び合う時間として，ごく自然な形で会議や集まりの中に位置づいていったのでした。

　こんな「ほんのちょっとの勉強会」も，ほったらかしにしておいて，生まれるものではありません。それには根回しが必要です。若い教師，学びたいと思っている教師に仕掛けていくのです。そのためには，今誰が何に関心を持っているか，何を求めているかを見逃さないことです。教室訪問して授業参加したり，職員室でお茶を飲みながら談笑したりしていくことに，多くのかかわりのヒントがあります。それが，教頭である私の立場を利用した仕掛けでもありました。

②　学ぶ場は身近な足元にある

　30歳を超えたころ，教師のたのしさを教えてくださった学年主任の女教師N先生に出会いました。私の師匠の一人です。N先生は，職員室へもどると，いつも学級の子どもの話をするのです。「あの子がね。こんな絵を描いたよ。見てみて」「今日，手をあげてね。こんなことを言うのよ。うれしくて」学級の子どもたちを愛おしむ母の目でした。私は，その話を聞きながら，自分の学級の子どもたちの話もしました。子どもたちの日記を一緒に読んで，一緒に涙を流したことも何度もありました。

　N先生は，図工の作品も職員室へ持ってきました。職員室の後ろの床に絵を並べて，みんなで鑑賞し合いました。他の学年の教師たちも寄ってきて，図工談義が盛り上がったこともありました。

　N先生は，子どもたちの悪口を絶対に言いません。困ったことが起こったら「今，こんなことがあるのだけど。どう思う。どうしたらいいのかしらね」と自分より年下の私たちに語るのです。年齢を

越えて教師として相談し合う大切さを，N先生に教えてもらいました。

　経験豊かなN先生の教室は，私にとって研修の場でした。いつも教室をのぞきました。掲示物の貼り方，子どもの指導の足跡の掲示物，係活動の仕組み等々。他校に研修視察に行かなくても，隣に勉強する場があることを学びました。その経験は，N先生だけでなく，他の先生の学級をのぞいて勉強する姿勢を作らせてくれました。

　私は，「学校には勉強する場がいっぱいある。他校の研修に行かずとも自分の学校にはいっぱいの宝がある。管理当番をして施錠しながら研修をしようね」と若い教師に言っていました。それは，私の経験からでした。

　子どもの話・授業の話が出てくる職員室づくりは，意外と難しいものです。N先生のような教師の存在はたいへん大きいです。また，意図的にそういう話題を積み重ねていき，雰囲気を作ることも必要かもしれません。が，そういう子どもや授業の話が出てくる職員室は，働く意欲が増す場になります。

③　教材にもどり，教材に惚れ込むこと
　子どもの追求意欲を大事にしながら，太い実践を積み重ねようとしたとき，やはり重要なことは，「教材にもどり，教材に惚れ込むこと」でしょう。これは「ほんのちょっとの勉強」でなく，かなりの時間とやる気が大事なことだと思っています。でも，教師はときにはやらなければいけないことから，逃げてはいけないと思うのです。

Ⅳ　それぞれのリーダーシップを発揮する教師たち

　数年前に奈良女子大附属小の椙田真理子先生のお話を聞きました。国語が専門の椙田先生は，授業を構想する前に必ず教材文を視写するのだそうです。これまで何度も実践した教材であっても，あらためて視写することによって，新しい世界が見えてくるというお話でした。

　授業を続けていくと，わからないことが生まれてきます。そういうときは，再度教材にもどることです。そこに何かがきっと見えてくるでしょう。

　優れた教師は，時間を見つけることが上手な教師かもしれません。「忙しいから，難しいから」と愚痴めいたことばかりを並べたてている教師から，生産的な実践は生まれません。やれないかもしれないけれど，果敢に挑む勇気ある教師に共感し，讃えてこそ，職場の空気は動き出すのです。時間的にゆとりのない教師は，それが引き金になって家庭に持ち帰って時間を見つけることでしょう。そんな仕掛けのできるリーダーこそ，求められます。

5　女教師たちへの讃歌

　「うちの学校は，女教師が背負っているのです。女の先生の力はすごい」という話を聴くと，何とも言えない歓びを感じます。私は教師の仕事には，女性の知恵とワザが不可欠であると，今でも思っています。「なんだ坂，こんな坂。いつかは上りきれます」と祈るばかりです。

①　たくましく，しなやかな女教師

　少しの時間を使って授業を考え，学級づくりをすることや，他の同僚教師の力を借りて自分の学級づくりをすることは，女教師の方

が断然上手く振る舞えます。

　こんなたくましくしなやかな教師にも出会いました。

　校務主任だったとき，私は，環境保全の仕事に対しては「子どもたちの学習環境を整えること。授業に生かせる環境作りをする」を第一に位置づけていました。「生活科の授業では，すぐに栽培できるような場を作りたい」と考え，教室横の花壇を畑に変える提案をして学年の教師たちと取り組みました。

　授業の合間を見て少しでも畑作りを進めようと働いている私へ，教室の窓越しに「林先生。いつもありがとう。私たちの畑を作ってくれてありがとう」の大合唱が届きました。T先生の仕掛けです。大事な授業中を割いて「ほら。今，林先生，何をしてくれてるのかな。何か言う言葉はないのかな」と子どもたちを促したのです。手を振って笑顔で叫んでいる子どもたちです。

　慣れない鍬を持って土を起こして畑を整備していた私の疲れは，この言葉で吹き飛びました。どんなに大人になっていても，自分が認められる・誉められることの喜びを確認しました。T先生のこういう仕掛けは，学級づくりの一つだとわかっていました。でも，その巧みさに感心するとともに，T先生が私の背中をちゃんと見ていることや，子どもたちに見させていることをうれしく思いました。多忙な中で仕事に疲れたとき，よくこの場面を思い出します。子どもたちの「ありがとう」の合唱が心を解きほぐすのです。

　さらに，T先生の仕掛けは続きます。「あのね。林先生がみんなのことをすごく誉めていたよ。疲れも飛んだのだって。みんなすごいね。みんなの力は素晴らしい。疲れを吹っ飛ばすのだね」ちょっとしたことを活用することによって，子どもを誉め，子どもとの関係を豊かにしていく，こんなたくましい実践を女教師の中に見るこ

Ⅳ　それぞれのリーダーシップを発揮する教師たち

とができるのです。

　自分だけで学級経営を行うという狭い了見を捨てて，使えるものは何でも使っていくたくましさがここにありました。

　T先生は，子どもをやる気にさせることにも長けていました。

「○小学校の子どもたちはね。これができてたよ。みんなの方が絶対負けてるな。あーあ。残念！」

「あのね。この勉強は，みんなにはちょっと難しいと思うのだけど。だから，ちょっと簡単にしようか。どう？」

　こういう問いに対しての子どもたちの反応は，想像できます。子どもたちをその気にさせて学びの階段を登らせていきます。もちろん，やる気だけでは階段は登ることはできません。ちゃんと手だてが準備されていることは言うまでもありません。

　T先生の学級をのぞくと，いつも教師と子どもたちが一つの輪の中にいる様子がわかりました。

　T先生は，職場の現職教育を担うリーダーとして活躍しています。

②　保護者と心を通わす女教師

　保護者と心を通わしていくことは，教育実践を豊かにしていくことにつながります。保護者の声をきちんと受けていかなければならない時代に入っていると思います。とくに女教師は同じ性である強みで母親とは心を通わすことができます。

　H先生は，子どもの母親からいつも厚い信頼を受けていました。子どものことで困ったことがあったら母親はよくH先生に相談にきました。いつもH先生は聞き役でした。ちょっと母親の言葉を受けて「そうね，それはたいへんだ」「それで……」「困ったわねえ」「わかるわかる……その気持ち，わかるな……」話の最後になると

H先生は必ず言うのです。「お母さん。私もがんばるね。子どもさんのことをしっかり見ておきます。でも，すぐに上手くいかないかもしれない。そのときはごめんね。一緒にやりましょう」と。

　こういう接し方をするH先生の考えは次のようなものでした。
　「自分も子育てでたくさんの悩みを抱えました。どうしたらいいのか，いろんなことを考えました。そういうときに，誰かに聞いてほしいときがありました。その聞き手として子どもをよく知っている担任教師が選ばれることは，教師としてたいへんうれしいことだと思います。私は，ここにも教師の役割があると思っています。でも，話し手は，結論を求めてはいない気がします。ただ，まず聞いてほしいのです。私がそうでしたから。だとしたら，まず聞き役だけでいいように思うのです。そして，聞いて親の目を通した子を知ることによって，教師の子どもを見る目も変わってきます。そのときに，次の指導の方向性が出てくるかもしれないのです。」
　H先生の仕事ぶりは，聞くだけでは終わりませんでした。子どもの変化を連絡帳に書き留め，報告をしていきました。

　H先生は自分に戒めていることがあります。それは，どんなに悩み相談を受けても，個人的な関係にならないこと，あくまで教師と保護者の関係を守ることでした。
　H先生もまた，保護者と学校との潤滑油的な存在で学校づくりに携わっています。これこそ，その学校の屋台骨を背負う大事なリーダーと言えましょう。

③　女教師への応援歌
　多くの女教師たちを回想していくと，さまざまな修飾語を思い浮

Ⅳ　それぞれのリーダーシップを発揮する教師たち

かべることができます。「優しい」から始まって「したたかさ」「気配り」「細かい配慮」，そして「たくましい」などです。それらは，子どもたちを育てるためには大事な教師の個性です。

　職場のリーダーとして，自分の個性を生かして「その教師にしかできないリーダー像」を創っていってほしいと願います。

2　中学校経営を考える
―藤澤卓美先生の場合―

　藤澤先生は，愛知で教師になりました。小中学校に勤務しながら，理科教育に，部活動の指導に明け暮れた熱血教師でした。教育行政職にも身を置いて，「学校現場を外から見つめる」体験もしてきました。そんな藤澤先生の見識が発揮されるときがきました。教師生活最後の6年間を中学校長として，その経営の「めざすところ」を大きく高く掲げ，精進してきたのです。藤澤先生の口癖があります。「若い教師を学校全体の教職員で育て上げていく学校こそ，活力に満ちた学校だ」「攻めのない学校は死んでいる。討ち死にを覚悟して歩みたい」ということでした。
　つねに，不退転の決意で臨んだ藤澤先生ですが，それは決して猪突猛進ではありません。冷静な判断と学びを怠らない実践的な行動力が「中学校教育の活性化」を創造していったのでした。
　それでは，藤澤先生の言葉をたどってみましょう。

1　経営の基盤を固める

　中学校勤務が長い教師は，どちらかというと，自分の得意分野がはっきりしています。その反面，経験に偏りがあり，教科指導に重点を置くタイプ，生徒指導の充実に重きを置くタイプ，部活動などの教育課程外に重点を置くタイプなど，年齢にも寄りますが，リーダーになっても，その傾向が抜けきれない教師が多いのです。一般に教育活動全体を「子どもの育ち」という視点で総括的にとらえる

バランス感覚のある目が弱いと言えます。

　私は，自分が学校のリーダーの端くれに携わったとき，つねに「若い教師をどう育てるか」「バランス感覚の優れた子どもをどう育成するか」という大仰なテーマを掲げて歩きました。そんな自慢話とも思える一端に触れてくださるとうれしく思います。

①　風土に立つ

　学年主任，あるいは，教務主任として，その学校の中心的な立場になったとき（リーダー的な存在になったとき），何より重視したいのは，勤務校の置かれた「風土に絶対の信頼」を寄せることです。もちろん，学校によっては，非常に困難な状況もありますが，後ろを向いていては，経営は進みません。若い教師が育ち，子どもが伸びる学校を誰しも夢見ているのですから，仲間を奮い立たせ，前を向いて経営の一歩を踏み出したいものです。そのためには，学校を包み込む周辺の風土，自然や文化，そこに暮らす人々，歴史や伝統など，その地域の風を懐に入れて，「この地にどっかりと根を張るんだ！」の気概と展望がなくてはなりません。

　ややもするとその学校や子ども，保護者等のマイナス面ばかりに目が行き，その指摘に明け暮れ，目標や理想を掲げるのみで，具体的な「一手」を打てないリーダーもいます。その学校を取り巻く風土に溶け込み，その学校のよさを積極的にクローズアップし，教職員が一丸になってこそ，学校は，前へ動きだすのです。

②　弱い立場の子どもを経営の中心に据える

　学校を経営する立場として，私は，意識して心にかけてきたことがあります。

　子どもを差別するつもりはありませんが，学校にはさまざまな子

どもたちがいます。学力が十分身についていない子ども，いじめや不登校で悩んでいる子ども，家庭環境に恵まれない子ども，障害を抱えている子どもなど，その学校や地域で弱い立場にある子どもたちを，とくに重視した経営感覚を持つことでした。思春期の子どもたち（もう子どもではなくて，青少年と呼ぶべきですが）とどう向き合えるのかが，中学校教師の重要な課題です。弱い立場の子どもほど，この思春期を乗り越えるのに，多くのエネルギーを必要としています。

　若い教師ほど，このような子どもたちに愛情を持って接する具体的な資質を刷り込んでいかなくてはなりません。弱い立場の子どもの指導は困難を極めます。一人で抱え込むことは，危険なことです。職場が，先輩の知恵を借りたり，新しい指導方法を学んだりすることに，「開かれた経営の場」になっていることが大切です。この指導の過程を通じ，中学校教師としての大事な資質をきたえることができるのです。我流の指導法が横行する学校は，必ず崩壊していきます。一人ひとりの教師の持ち味を大事にしながらも，職場の「経営体」としての自覚と学び合いがどうしても欠かせないのです。弱い子どもたちは，そんな学校，そんな教師を待っています。

③　チャレンジ精神を持つ

　「攻めは守りに通じる」と私自身の体験から思います。学校はいろいろなことを公開していく時代になりました。今や経営すべてが，人前にさらされていると言っても過言ではありません。むしろ知ってもらうことは，理解に通じ，共感を得て，さまざまな意見を受ける中で，経営の新たな視点が拓けてくると確信しています。指摘されたことに，問題意識を持ち，具体的な見通しのもとに，解決に向かうには，リーダーの確固たる意思が必要です。周囲の指摘やバッ

Ⅳ それぞれのリーダーシップを発揮する教師たち

シングにうろたえているようでは，到底中長期的な展望は拓けません。

　学校の教育活動の中には，新しい視点で取り組む活動をつねに創造していく勇気と決断が欠かせないということです。思い切って地域や保護者に，学校のすべてをさらけ出し，さまざまな支援を得て動くことです。半分大人になった子どもであるだけに，地域住民との本物体験，暮らしを生きがいにつなげる職業体験などのバーチャルではない「生きざま」が，子どもたちの心を揺さぶり，真剣な対峙を生み出していくのです。また住民には，「学校と協働している実感」を，機会をとらえて増やしていくことが重要なテーマです。そこには，批判は生まれないと信じて行うべきです。私自身がこの６年間で，理解と信頼が生まれていく手ごたえをたくさんの出会いの中で感じさせてもらってきました。いろいろな関係者の意見に耳を傾けながら，その一方で強い意思を持って新たなことに挑戦していく気概もリーダーには必要です。

２　教師が育つ学校づくり

　子どもが育つためには，「教師の育つ学校づくり」が不可欠です。多くの先輩教師や先人の業績には学ぶべき点が多々あると思うのです。それを自分の血肉化していく精進がリーダーには欠かせません。さらに目を広く教育界の外に向けていくとき，そこには数限りもない「知恵とワザ」を理念高く掲げて努力しているさまざまな分野の人々がいます。そうした「学び」を通して学校経営が「井の中の蛙」にならないようにすべきです。

① 「力量向上」から「力量発揮」へ

　ある大学の先生が，教師の指導力に関して「向上」ではなく「発

揮」を理念に置いた方がいいのではないかと提言していました。「教師の指導力が低下あるいは，不足しているから，力量向上策を」という考え方から，「指導力が低下しているのは，何かに阻害されているからであり，まずは阻害要因の除去が必要であり，力量が発揮されるような策を」という考え方へ方向転換すべきであるという主張でした。

　現場のリーダーには，どちらかというと，この「低下・不足」の視点からのとらえが強いのではないかと感じます。とくに若い教師の多い学校ではそんな思いを強くします。私は改めて学びたいと思いました。つまり「力量向上から力量発揮へ」研鑽方法を変えることによって，その実践の内容や方法も大きく変わってくるのではないかと考え，取り組んだのでした。さあ，その一端をここに紹介してみましょう。

② OJTで教師を伸ばす

　OJTとは，「ON THE JOB TRAINING」の略です。日本語で言えば，「職場内研修」ということでしょうか。最近の教師の研修は，「職場を離れての研修（OFF THE JOB TRAINNING）」に重きを成してきた感が強いのではないでしょうか。かつての学校は，職場を離れての研修はごくわずかで，ほとんど職場内で行われていました。少し先輩の同僚が，自分の失敗談や自慢話を交えながら，文字通り手取り，足取りで教えてくれたものです。先輩の話は，ときには厳しく，ときには愛しむように，鮮烈に私の中にも残っています。

　それが初任者研修制度の導入時期と重なって，外部機関に研修の中心が移りました。そして職場内の研修は，それと反比例するかのごとく，衰弱してきたのです。それから，若い教師が，子どもの現実の問題と向き合う中で，粘り強く育てていくという職場の熱意や

Ⅳ　それぞれのリーダーシップを発揮する教師たち

活気が，徐々に失われていったように思います。それに伴い，教職員間の心の交流や場が薄くなってきたと考えるのは，私だけでしょうか。

　今一度「職場内研修」の充実と輝きを取り戻さなくてはなりません。研修に必要なものは，何より「問題意識」です。問題意識は「現場」にこそ生まれます。与えられた研修では，どうしても受け身にならざるを得ません。現実の子どもに向き合い，解決のために，同僚と共に，先人の経験や実践から学び，悪戦苦闘しながら策を探る「学び」は，きわめて重要なことです。そこには，子どもたちや同僚に対する「情と畏敬の念」が生まれ，真に教育愛や使命感に燃える「知恵やワザ」が教師の内に育っていくことにもつながっていくのです。

③　リーダーも育つ OJT
　若い教師を育てるには，主任クラスの教師グループに力がないとできません。教科指導，生徒指導，学級経営，進路指導，学校行事運営，健康指導，部活動指導等々において，自分なりの指導経験知を持っているとともに，子どもの変化や課題を敏感に感じ取ることのできる力を持った教師です。つねに向上心を持ち，若い教師と共に汗を流し，苦しみも歓びも共有できる先輩こそ「現場」には必要です。

　しかし，こうした幅と深みのある力量を備えたリーダーは多くいません。やはり，学校経営を進めるうえで，この主任クラスの力を十分発揮させ，若い教師を指導させることを通して，リーダーシップ力を伸ばしていくことです。「若い教師」「主任クラスの教師」この両者を共に育てていくには，どんな研修方法や経営組織が求めら

れるか，私なりにOJTの理念や方法を学び，考えたのでした。

　教科指導について言えば，授業研究を中心に据えることが基本でしょう。中学校は，専門教科があり，授業研究は職場全体ではなかなかうまくできない現状もあります。しかし，若い教師にとっては，自分の専門教科以外の授業から真剣に学んでいく姿勢がなくては，授業の基本は身につきません。いや，私は極論を言ってきました。中学校は「専門バカになっている。専門教科以外こそ学ぶ場である」と。主任クラスには，当然のごとくその負荷を倍増してかけてきました。専門教科以外の指導ができて，はじめて「リーダーと呼べる」と事あるごとに力説し，自ら恥をさらし，行動化してきました。

　私の勤務した学校では，授業研究も教科別ではなく，他教科の教師の入り混じったグループをつくり，主任クラスを指導者にしたてて，単元作りから授業構想の立案，実践，検証までの一連の指導，さらにそれを教育論文に仕上げるまで，責任を持って取り組む手法をとりました。そこでは，若い教師も，主任クラスのリーダーたちも，自分の持てる力を十分に発揮しなくてはなりません。若い教師と「タッグを組む」ことにより，主任クラスも力量をワンランクアップする，まさに「力量発揮」につながっていったのです。OJTから学んだこの手法は，個々の力を高めるだけではなく，先輩と後輩の同僚性をより強固にし，後輩に対する責任や先輩に対する尊敬などの姿勢も育っていったのでした。

④　授業技術を磨く
　若い教師にとって，基本的な授業技術を磨くことは欠かせません。

Ⅳ　それぞれのリーダーシップを発揮する教師たち

いくら情熱があっても，指導技術がない授業は悲惨です。新任から３年間ぐらいは，徹底してこれをきたえる必要を私は強く感じてやってきました。初任者研修会という公的な外部機関の研修だけでは不十分です。「今の授業で，このときにどう発問したらいいか」のような指示，発問，板書やノート指導，机間指導などは，「そのとき，その場」でのホットな指導こそが，決め手です。「若い教師の育ちは，その職場の先輩教師の責任である」というぐらいの強い信念と自覚を職場に浸透させていくことです。そのためには，私自身がいい加減では始まりません。すべてを私もさらけ出し，動くとき，わずかに職場は変わっていくと思うのです。

　書く力も若いうちに育てる必要があります。書く力は，教師の伸び代（しろ）を決めるからです。私は，自分の教師人生を振り返っても，年齢を重ねるごとに，見識や姿勢を問われることを，いやと言うほど感じてきました。そんなことを思えば，「若いうちから修業」する必要があります。
　私の学校では，まず「書くことに意義がある」と高い志を「論文指導」に求めました。職場のみんなは，締め切りをめざして必死になるのです。そこに大きな学びがあることは，達成した者のみが味わう境地です。中学校は，いかんせん生徒指導に比重が偏り，なかなか授業研究，論文執筆にまでは時間が取りにくいものですが，リーダーが強い意思を持って，進めていかないと，若い教師の育ちはおぼつかないと思うばかりです。

⑤　生徒指導も部活動も「背負う」

　中学校教育の難しさは，思春期教育の難しさでもあります。子どもの育ちの中で蓄積してきた諸々の事情や出来事が，思春期真っ只

中のこの時期に，心の葛藤や乱れとなって一気に噴き出します。私たち教師に必要なことは，「それはみんな通ってきた道だ」という意識をベースに，学校経営を考えていくことです。毎日何かが起きる，何も問題のない普通の子が「まさか」の悩みに陥り苦しんでいると，考えていないと，中学校の教師は務まりません。

そして何よりも肝要なことは，生徒指導の情報は，つねに教職員間で情報を公開し，誰もがその問題に関心を持ち，自分の事として考える土壌を育てなくてはなりません。大きな問題はみんなで対処する必要がありますが，小さな問題こそ「管理職的な立場の出番だ」と思うべきです。それから逃げてしまうリーダーでは，学校は信用を失い，壊れていきます。

生徒指導の重要さは，後始末に追われることではありません。積極的な「攻めの教育活動」がここでも求められます。学校行事への生徒の主体的な取り組み，道徳の授業を決しておろそかにしない，などは，生徒の生命力を耕し，優しく強靭な意志を育て上げていくことにつながるからです。

また，部活動については，安易に部外者に委ねることをしないことです。こんな私の考え方は，古いでしょうか。その道のプロたる存在の専門指導者の援助を受けることは，とても大切なことですが，その主導権まで放棄する教師にはしたくありません。「部活動」も人間教育の大きな場としてとらえ，「しろうと監督」でいいから，泣き笑いを一緒にして，「共育ち」する妙味を若い教師に味わわせるリーダーでありたいと考えます。

3 学力向上への取り組み

中学校現場では，やはり「学力問題」を抜きにして，経営を語る

IV　それぞれのリーダーシップを発揮する教師たち

ことは許されません。「学力低下問題」が，平成10年代の新指導要領の施行と相前後して声高に言われました。「週5日制」が悪の権現のような言われ方をしたり，「ゆとり教育批判」が日常的にされたり，はたまた「学びの復権」の名の下，「学力学習状況調査の導入」「教員免許更新制」などが，雪崩を打って「現場」に押し寄せてきたのです。現場は次々と出される文科省行政の施策や新しい制度の導入に混乱し，自信を失っていったのです。

　哀しく，つらい日々でした。

①　競争から「学び合い」へ

　文科省は，学力フロンティアの研究指定を通して，少人数指導の中で「習熟度別学習の推奨」を勧めてきました。習熟度別学習がどんな結果をもたらすか，十分検証をしないまま導入に踏み切ったのです。あの一時期の動きは，日本の教師の真摯な取り組みの歴史を無視した暴挙と言われても仕方ないことだと，私は思うのです。競争をあおり，その中で学力を向上させようとするこうした方法は，すでに時代遅れです。競争から真の学力は育ちません。それどころか，結果的に一部の勝者と多数の敗者を生むことになり，多くの将来ある優秀な人材を失ってしまうことになりかねないのです。

　国際的な学力テストで順位が下がっている理由は，「ゆとり教育」によって内容が減ったり，子どもの競争心が薄れたりしたというような単純な理由ではありません。日本の子どもの置かれている社会状況の変化による複雑な要素が絡み合って生じてきたことです。日本の教育が，歴史的な成果をあげてきたことは，教師の指導技術と生徒理解の優秀さにあります。そこで培われてきた「学び合い」をもう一度ていねいに地道に実践することこそが，喫緊の課題なのだ

と思います。

② 習熟度別指導から「学び合い学習」へ

　全国的に小規模校が統合されていった経緯は，経済的な効率の問題に加えて，子どもの学力や社会性がそういう環境では育たないのではないかという危惧が引き金になっていったのでしょう。大人数でないと競争心が育たなく，すべてに渡って不利であるというのです。しかし，小規模校，中でも複式学級のある極小規模校で育った子どもが，中学校での伸びが顕著で，トップクラスの成績を収めているという結果も聴いています。これはなぜでしょうか。

　中学校においても，少人数学級が導入されたり，少人数指導が行われたりしています。しかし，そこでは授業がとかく「個別指導」に偏る傾向があり，「学び合う」授業から，むしろ遠ざかっているのではないでしょうか。習熟度別指導の導入が，この傾向にさらに拍車をかけています。学力を揃えてクラスを編成し，生徒の習熟度に合わせたプリント学習などが主流を占め，個別指導中心の授業形態になってしまっているのではないかと思います。

　私の学校では，「等質二分割方式」で行い，3年間の実践を検証してきました。つまりクラスには能力的なバラつきがあっても，それでこそ「学び合い」を大事にできるという思想です。教師は，きめ細かい配慮を「学び合い」に求めます。「授業参加」がきちんと行われ，子ども同士の「学びのかかわり合い」がきちんと保障された学級です。間違いが大切にされて，みんなで切磋琢磨する時間をみんなで共有してこそ，「人間教育だ」と私は思って取り組んできました。

Ⅳ　それぞれのリーダーシップを発揮する教師たち

　中学校は，高校進学というハードルが最終的に待っています。授業づくりや学校づくりの成果が，その場面で大きく問われることになります。学力向上はその中で，重要なものであり，毎年新入学生を迎えるたびに，再スタートとなります。しかし，そのときに，拙速な「学力向上主義」に走ることなく，ほんとうの意味で「学び合い」ながら，人間の育ちが保障されるような学校づくりこそ，リーダーは，「いのちをかけて」実践していかなければならない，と思うべきです。

4　全人教育への希望を

　私自身，中学校教育と小学校教育に携わってみて強く思うことは，もっともっと小学校，中学校が連携しながら，互いに経営体になっていくことだということです。中学校を意識しない小学校教育は，展望に甘さがあります。小学校教育に基盤をつなげない中学校教育は，砂上の楼閣です。私は，子どもたちの将来を展望しながら，「今を生きる子どもたち」の目の輝きを引き出す教育実践であり，学校経営であってほしいと，思い続けて実践してきました。「学力主義」に走る中学校教育は，あまりに危うさを感じます。もっと全人的な視野に立って，子どもの育ちを確認する地道な実践活動が，今の「中学校現場」に求められているように，私には思えてならないのです。

3　年間3回の授業公開を経営の核に
―田中信夫先生の場合―

　田中信夫先生は，現役の校長です。私が多くのリーダーたる人に出会った中でも出色の経営をしていると思って，執筆を依頼すると，「いやあ，今はともかく，明日には経営が崩壊していることもあるかもしれませんよ」「いじめやどんなトラブルに見舞われるか……まったく予断は許しませんから」と言います。ほんとうに今の学校現場はその通りだと思います。

　ここに田中先生が，どんなにいいことや立派なリーダー論を述べても，それが今すぐもろくも崩れることだってあるのです。そんな危うい中でリーダーであるみなさんは，歯を食いしばってやっているのですね。「遮二無二やっていることを書くのでしたら……」と言うことで無理やり書いてもらいました。どうぞお読みください。

1　熱き思いを語る

　私にとって，新年度の4月，それも入学式・始業式を迎える前の数日間が，実は学校経営の勝負だと思っています。

　4月1日に辞令伝達式。それに続いて立ち上がりのさまざまな会議会議の連続です。職員会議，学年会，各種行事や校務分掌に分かれての経営案の立案です。ほんとうに毎年のことながら，目の回る忙しさです。いくら時間があっても足りません。

　そんな中にでも，私は「教育実践を語る会」はどうしても私のやりたいことだと，無理やりねじ込んでやっています。それが私の流

Ⅳ　それぞれのリーダーシップを発揮する教師たち

儀なんです。

①　授業実践を渾身の思いで語る

「学校はたのしいところでありたいが，ときには歯を食いしばってがんばるところであり，たのしいというのは授業がたのしいこと，授業でがんばらせて子どもが成長してこその学校であることです」
「私は先生方に，ただやってくださいというつもりはありません。私も一緒にやりたい，やらなければならんと思っています。だから，私がここで宣言したいことは，この一年，T・Tで先生方と一緒に授業づくりをして，子どもの成長をやりがいにしていく自分でありたいと思っています」これは，私が，年度当初の教育実践全体会で語る常套言葉です。職場の仲間である教師たちの顔を一人ひとりしっかりと見つめながら，私の気持ちを伝えるのです。

　校長であれ，教頭であれ，リーダーたる者も，思えば昨日まで担任教師であったのです。その思いをしっかり胸に刻んで，担任教師に寄り添ってこそ，「学校経営をしている」ということになるのではないでしょうか。悪戦苦闘は，当然の覚悟です。自分が渾身の思いでぶつかっても，崩壊するかもしれません。それでも私は「やる」という熱き願いを持って，教師たちに語ります。

　私の語りの中心は，
「この一年間で，3回は授業公開をする」
に集約されます。「先生方は年間900時間以上の授業をしていますね。そのほとんどは，自分と子どもたちだけの授業です。その授業のうちで3回を少し無理して準備して授業公開することに精進してほしい」と言います。

　多くの学校では，よく「年間一回の研究授業をする」ということが，経営案に謳われています。その一回が実はかなりよくがんばっ

ている学校の実態です。ことによったら，まったく研究授業とか授業公開をしない教師や職場もあるのではないのでしょうか。

「年間3回の授業公開（私は研究授業とは呼びません。指導案を作って大仰な研究を立ち上げることが目的ではありません。ふだんの授業を少しがんばってやることです。あくまで授業公開なのです）」ということを言うと，その場では，文句を言わずに聴いていた教師たちも日々の仕事の中で，「なんでそんなにもやらないといけないのだ」という不平を言うようになります。私はそれをあえて承知の上で覚悟して，教師たちに言いきることにしています。

② 4月に授業公開を位置づける

　私の学校では，4月の20日前後に最初の教育実践全体会に引き続いて，さっそく授業公開をします。
　これには，二つの目的があります。

　まず一つは，新しく本校に赴任してきた教師に，本校の取り組んできた授業の規律や方法を具体的にイメージしてもらうためです。そのためには，研究紀要を読むことよりも，実際に本校の授業を参観してもらうことです。それも低学年・中学年・高学年の三つの授業をこれまで本校に勤務している教師によって「公開」してもらい，参観してもらうのです。
　「子どもたちが，『見つけ学習』をどうやって，やっているかが見えてきて，とてもイメージにつながった」「この4月の立ち上がりというのに，息の長い発言や話し合いが進むのには驚いた」「音読や書くことに集中している姿に，積み上げをしてきているこの学校の姿勢を感じた」と，赴任してきた教師たちは，驚きを含めて学ん

Ⅳ それぞれのリーダーシップを発揮する教師たち

でいきます。

　第二のやる意義は、4月の立ち上がりの時期にする、まさに学級づくり、授業づくりの実践は、どうあるべきかを、この「授業公開」を通して職場のテーマにしていくためです。
　多くの学校では研究授業というのは、6月とか、10月とかの「学級がそれなりにできあがるころに」行うことをつねにしています。それでは「意味がない」というのが私の考えです。4月は、学級びらきをして、新しい仲間との出会いに子どもたちも期待と戸惑いを持って過ごしています。教師もいままでの学級とはリズムも雰囲気も違うことに疲れ果てながら、それでも「学習規律」「学習方法」などを創り上げていきます。山登りにたとえれば、まだ4月は登山口のあたりでウロウロしている段階です。そのときに「公開」することによって、いままで本校にいた教師たちを含めて、「どうやって教師は指導していったほうがいいか」「どういうやり方で育て上げていくべきか」を共有するのです。
　この時期の学級づくりや授業づくりに、みんなみんな苦労をしているのですね。その苦労を「教師個人の孤独な営み」にしないということです。みんなで「立ち上がりはどうしていったらいいか」を考えていく起爆剤に、この授業公開を位置づけていきます。

　この二つの目的意識が、共有化されていったとき、若い教師もベテラン教師も、この学校に新しく来た人も、前からいる人も、「やっと同じ土俵に上がって研鑽する意思の疎通が図られた」と、私は思うのです。

2　年間3回の授業公開に賭ける

　私の教師人生の中で,「授業こそいのち」と思うようになったのは30代も後半になってからでした。もう少し早くそのことに気づいている自分であったら,もう少しましな教師になっていたなあという悔恨がいつもあります。今の若い教師が,私がしたような後悔をしないためにも,「年間3回の授業公開をしてください」とあえて無理を承知で押し付けたのでした。この私の無理やりな押しつけが若い教師への「種まき」の仕事になると,信じて私は今年も実践をしているのです。

①　今こそ授業力の向上を

　勤務時間の短縮,新学習指導要領での時間数の増加,学力向上へのバッシング,事務量の年々増加の波,保護者への対応など,教師を取り巻く環境は年々厳しくなるばかりです。一つ間違えれば,どの教師も精神疾患に陥る恐れが十分ある状況です。そんな教育界を生き抜いていくために,私は何はさておいても,「授業力の向上」が欠くことのできない要件だと思って,ずっとやってきました。多忙化の中で,授業実践の研修時間をどう確保していくかは,大きな課題です。

　私の提案で,「年間3回の授業公開を」と訴えた波紋は,毎年のことながら,教師たちを震撼させます。不満がくすぶることも多々あります。私はそれを承知で,自分の意思を貫くのです。

　ただし,授業公開すると言っても,指導案を綿密に作ることを要求はしません。むしろそのように考えている教師たちに,「形式的な指導案を作ることに力を入れなくてもいい。指導案だけ見るととても念入りに作ってあって,授業を見ると惨憺たる授業が多々あり

ます。指導案を作っただけで、肝心の日々の学級づくりや学びの規律・方法が手抜きされているのです」と言いながら、手間暇をかけすぎた指導案づくりへのトラウマを除去します。

　そこで、本校では「ちょっと無理して教材研究を」を合言葉に、指導案の簡素化に取り組んでいます。具体的には、「単元観、指導観、児童観」を一括して「授業への私の願い」「本時の指導過程」「板書計画」をできる範囲で作ることで授業公開を迎えるようにしています。板書計画は、一時間の子どもたちの発言を想定して、どこにいつ、どのように板書するかを考えるのです。板書計画ができれば、一時間の授業が見えてきます。指導案の検討は、学年部会で行いますが、それはあくまで参考意見を手短に述べるだけで、あくまで本人が自覚して自分の決断で授業案を決定します。それだけでもたいへんなことで、私もできるだけ仲間に加わって、応援します。

②　年間3回の授業公開できたえる

　本校の年間3回の授業公開をした、本年度3月までの累計一覧表が、ここにあります。その公開総数は60回に及びます。担任教師は特別支援学級を含めて14学級です。おわかりだと思いますが、総数を学級担任数で割ると、4回以上になります。教科も国語を中心に、道徳、算数、社会科、生活科、理科、音楽など多岐に渡ります。どの教科で行うかは、授業者の意思です。

　この総数の60回の授業公開には、外部の講師（アドバイザー）の招請を基本的には行います。しかし、この授業公開を学校教職員全員で参観することはありません。基本的には、私と手の空いている四役、それに同学年の担任が参観する程度です。

　M先生は、20代後半の女性教師です。彼女は、本年度40名の3

年生の子どもたちを担任しました。定数いっぱいの子どもたち。あと一人転入生がいれば，3学級になるのですが，こればかりはどうにもなりません。彼女は4月に国語「すいせんのラッパ」で公開しました。その授業は，彼女が子どもたちに，学習規律や学習方法を習得させるために，悪戦苦闘する授業であり，とても国語の授業として成立する授業ではありませんでした。M先生が一生懸命授業をしていても，多くの子どもたちが，ポタポタと両手の間から抜け落ちていく授業だったのです。

　その後M先生は，4回の公開を続けていったのでした。M先生が最後に授業公開したのは，2月も下旬になったときでした。金子みすゞの詩「大漁」を読む授業でした。その授業は多くの参観者を圧倒するほどの感動的な子どもたちの読みと話し合いが行われたのです。

　4月の彼女はいつも一日を終えて職員室に戻ってくると，ため息と愚痴ばかりでした。疲れ果てて，そうでもしないと自分がダメになるほど，バランスを失っていたのでした。ただ，それでもM先生はほんとうに根気強く「学習規律」を教え込み，一人ひとりの子どもへの丹念な指導を繰り返したのです。私はまったく公開ではない，ふだんの授業を一緒にT・Tでしながら，彼女の粘り強さに心打たれたのでした。「あんたはえらいよ。ほんとうによくがんばる」それが私のせめてものねぎらいの言葉でした。

　6月国語「自然のかくし絵」，10月国語「モチモチの木」，12月国語「サーカスのライオン」，2月道徳「大漁」の詩に学ぶ，と彼女は，5回の公開を粘り強くやり続けたのでした。不思議なことですが，彼女は公開をしていくたびに，顔つきが変わっていくのを，

Ⅳ それぞれのリーダーシップを発揮する教師たち

私は感じたのでした。「もっと，もっと」と貪欲に求め，外部の講師の先生にも自ら直接何度も何度も指導を請いながら，実践していったのです。

　道徳「大漁」の授業を終えて「今年度最後の授業公開でした。ずっと授業を公開してきてよかったことは，誰に参観してもらっても，私自身が意識しないでやれたことです。それは子どもたちも同じです。むしろ励みにしてがんばる子どもたちになってきたことです。確かに授業前には，『成長したところを見せよう！』とお尻を叩いたのは事実です。でも4月のころと比べると，ほんとうに真剣に授業に立ち向かえるようになってきた子どもたちに，私自身たくさんのお土産をもらっている感じがします」と書いているM先生。

　この姿こそ，私の求めている姿でした。一人の教師の成長は，同時に子どもへのきたえになり，保護者からの厚い信頼を得ていくことになっていきました。

3　ミドルリーダーを育てる

　いくら私が無鉄砲な校長であると言っても，私一人でできることには限界があります。教頭や教務主任も大事なリーダーであり，私の願いを受け入れてもらって経営していくのですが，私自身が強く意識するのは，「ミドルリーダーの育成こそ，元気ある学校経営になる」というモットーです。そのミドルリーダーになるのは誰か？　その白羽の矢を誰にあてるかも校長の重要な仕事です。

①　N教師の奮闘

　最近，「ミドルリーダー」という言葉をよく聴きます。学校における30代後半から40代前半の教師たちです。現在の学校現場では，私の学校だけではありませんが，この年代の教師が採用数も少なく，

希少価値の教師層になっています。

　私の学校のその年齢層に該当する教師にＮ教師がいます。彼が新任のころ，私は一緒に同じ学校に勤務しました。そのころの彼は，新任ということもあって，日々悪戦苦闘をしていました。学級崩壊寸前のような状況になって苦しんでいる姿を思い出します。その彼も今では本校の学年主任の一人になっています。私は彼に思いを託すことにしました。

　Ｎ教師は，特別に授業力があるのではありませんでした。むしろ不器用なほど，硬直した授業をしていたのです。当初，授業公開の話をすると，冷やかで抵抗感さえ，のぞかせていました。私は彼とはじめて出会った４月，彼と何度も何度も話し合いました。彼の考えを聴くというよりも，「私（校長）の願い」を，君に率先してやってほしいという訴えのような話をしたのです。彼は授業力を高めることよりも，別のことに関心があるという素振りをしていましたが，あまりに何度も私が語るものですから，彼も根負けしたのでしょうか，「わかりました。がんばります」と言ってくれました。

　私は，自分で言うのもなんですが，話し下手です。Ｎ教師と向かい合っても，彼を理屈で納得させるほどの説得力のある話はできません。ただ，根気強く彼が承知するまで話したということでしょうか。それが彼には，「頼りにされている」という心境にさせていったのだと思います。

　それからのＮ教師は，４月当初の授業公開にも積極的に向き合ってくれました。荒削りでとても硬い授業でしたが，私は「今このときに公開したＮ先生にこそ，学ぶべきだ！」と熱く支援しました。彼は，そんな私の意図を受けながら，職員会議や現職教育の協議会でも，場をわきまえて，「ここは自分が出るべきだ」というときに，

職場の空気をつくりだすことに力を注いでくれたのです。

多くの教師が国語を授業公開のメインに置いているのを見て，「ぼくは社会科で見つけ学習に挑戦したい」と，あえて意識した取り組みができるまでに成長していったのでした。

② 50代の教師を動かす

学校現場の活性化のブレーキになっているのが，50代を中心とする年齢の高い層の教師たちです。彼らは役職登用からの道を外れ，張り合いとか「生きがい」を失っている教師たちでもあります。一つ間違えると彼らは傲慢な抵抗勢力になっていきます。私の学校にもまったくその例にもれない教師たちがいます。

D教師は，50代前半の男性教師です。体育が専門教科で，いわゆる「体育会系教師」というタイプです。力で子どもたちを指導する昔ながらのやり方とでもいうのでしょうか。当然のことながら，担任する学級の子どもたちだけではなく，他学級の子どもたちにも「怖い存在の先生」です。そんなD教師だけに，保護者からその指導のあり方をめぐって，クレームの来ることも多々ありました。私は，その機会を大事にしたいと思いました。

D教師の弱点でもある「指導の粗さ」「高圧的な指導ぶり」を，私自身は目をつぶり，「あなたのおかげで，学校の中に安定した空気が流れているよ。でも，あなたの指導の全部を，保護者には理解することはできないことだと思う」と言ってクレームの解決に向けて私も全力で支援するのです。そのたびにD教師は，「校長先生ありがとうございました」と平身低頭でお礼を言うのでした。

私は毎日必ず校内をめぐります。そんなときに，「おや！」と思

うような興味深い場面に出くわすことがあります。そんなときは，その教室に「おはようございます」と言って入って行って，その光景を参観するのです。D教師の教室をめぐっているときでした。それは朝の「友だちの話」というスピーチの時間でした。子どもたちが，ある子どもの話を起点にして，互いの体験や予想などを語り合っていました。その中身が実にいいのです。私は引きこまれるように，その「友だちの話」が終わるまで，しばらくその教室にいました。

　授業後，さっそくD教師に校長室に来てもらいました。「先生，すごいじゃないですか。先生の学級の友だちの話はすごい！　そう思ったよ」と絶賛したのです。いつもは苦虫をつぶしたような顔をしているD先生のそのときの晴れ晴れとした顔を今でも忘れません。「先生，先生の学級の『友だちの話』は抜群です。他の先生にも参観してもらいたいくらいです。どうでしょうか。公開してくれませんか」と私は追い打ちをかけました。D先生も悪い気はしなかったのでしょう。「いいですよ」と応じてくれました。

　私は朝の打ち合わせでも，ちょっとした職員室の話題にもそのD学級の「友だちの話」のよさをアピールしました。いままで職場の中で，どちらかというと煙たい存在で，誰からも敬遠されていたD教師を「校長が認めている」ことは，大きな波紋を起こしました。私はD教師を呼んで，「友だちの話」の更なる進化のための知恵と方法を語り合いました。

　それから２年が過ぎようとしています。D教師は相変わらず大声で子どもを叱ったり，若い教師には厳しい面があったりします。しかし，D教師は確実に授業力をつけていきました。とくに道徳の授業には，自ら資料を探索して，感動的な授業をするようになってい

Ⅳ　それぞれのリーダーシップを発揮する教師たち

きました。外部の講師の先生がその点を率直に評価してくれたことも相まって，実に彼は大きく変身していったのです。

　ことによったら，足を引っ張る存在になるかもしれなかったD教師。その変身は，まさにミドルリーダーへの変身となり，わが校にはなくてはならない存在感を得ていったのでした。

　私の経営力は稚拙な強引さのあるものです。それが自分にもわかるのです。しかし，だからと言って，「やらないでいる」ことでは，何も変わりません。私は，自分の未熟で荒削りな経営力を少しでもましなものにするために，これからも精進したいと思っています。

エピローグ

若き教師たちへ

若き教師のみなさんへ

　まだ20代，30代の若い教師のみなさんへの「リーダーシップ」の話は，違和感があるかもしれませんね。将来そんな立場になることを「夢見て」やっている……なんていう人も，今まさに子どもたちと悪戦苦闘している中では，感じ得ないことでしょう。私は，あなたがたのように，若き教師時代の真っ只中にいるみなさんに，立身出世に励め，将来のリーダーシップをとる存在になるために精進しなさいというつもりはありません。

　ただ，はっきりしていることは，「学校現場の真のリーダー」になることは，リーダー的な立場になってから，ともかく会得することでもありません。むしろ「真のリーダーになり得る存在感」のある教師になるためには，同時に若き日々から，地道で根気強い仕事を積み上げることです。それは，そうした人にこそ，訪れる境地であると思います。

　今自分の若き日を思い返しながら，これから教師の道を歩むみなさんに，老婆心も含めていくつかの視点で，思いつくままに記してみたいと思います。

実践の鬼になれ！

　私のような年齢の者が，今の若い人を見ていて思うことは，「真面目でおとなしいなあ」ということでしょうか。もちろん，エネルギッシュな熱血漢の教師にも出会います。しかし，どちらかというと，生真面目な従順さが目立ちます。月並みな言い方ですが，「若

いということは，それだけで何ものにも替えがたい価値のあることだ」と思います。教師の技量としては，先輩教師に比較して劣るでしょうが，鋭い感性と素直な学びの姿勢が輝いて，失敗や試行錯誤から這い上がるエネルギーが燃え立つ年代ではないでしょうか。

ところが，今の世の中は，公人としての教師の仕事ぶりを，おおらかに温かく見守る雰囲気に欠けています。未熟さを露呈しようものなら，強烈なバッシングが待っている世の中とも言えます。若き教師たちの個性的な育ちを阻害する条件があるのです。必然的に若き教師たちは，「石橋を叩いて渡る」慎重さを求めるようになります。学級経営にしても，授業実践にしても，萎縮したスケールの小さなことになりかねません。それはまことに残念としか言いようがありません。

にもかかわらず，私は若きみなさんに「実践の鬼になれ！」と激励したいのです。失敗や試行錯誤を恐れず，果敢に学級経営や授業実践，部活動に燃えてほしいのです。「真剣に向かい合う」「渾身の魂をぶつける」「鬼手仏心で挑む」ことを念じています。荒削りであっても，「実践する」ことに意味があります。暖かい太陽の輝きばかりを求めるのではなく，試練の吹きすさぶ北風に向かって立つ勇気を，持ってもらいたいと祈るばかりです。そんなあなたの行状を子どもたちは決して見逃しません。

先人に学べ！

世の中の急激な進展，情報化の洪水，グローバル化という怪物の登場は，「人間教育はどうあるべきか」という羅針盤を見誤らせるもとになります。不易と流行があるとすれば，ひたすら「流行」や

目新しさを追い求めていると，自らの営為が，どのような意味や願いを持つものであるかを見失うことさえあります。近ごろの学力主義や安全神話への希求は，ともすれば過剰な教育保護の偏重を生み出しており，視野の狭い「真の人間教育のあり方」から程遠い実践活動に，教師たちを追いこんでいる危険性を感じるのは，私たちだけでしょうか。

今こそ，私たちは「先人の業績に学べ！」と声を大にして言いたいと思います。20代の教師になりたてのころは，日々の仕事に追いまわされて，心身共に，疲労は極度に達していることでしょう。落ち着かない子どもたち，過度な期待感でバッシングする親たち，マスコミや地域の厳しい監視に，身も心もへとへとになるばかりです。藁をもつかむ思いで，どうやったら子どもたちが落ち着くか，どうやったら授業の教え方がうまくなるか，……そんな目先のことに振り回されます。

そんなとき，先人はどのように道を切り開いていったかをたどってほしいと思います。近代の教育がスタートして一世紀が経ちます。たとえば，戦後の教育に大きな影響を与えた斎藤喜博，東井義雄，金沢嘉市，国分一太郎，大西忠治，大村はま，上田薫などの先人の偉業に，必ずや暗夜に光明に出会った大きな解脱を得ることができるでしょう。20代，30代の教師時代に，そうした先人にどれほど触れ得るかが，その教師の真なる覚醒につながっていくと信じます。

実践記録を作れ！

教育の営為は，無形の仕事でもあります。一人ひとりの子どもの成長として実現されはしますが，確たる証左もないままにずるずると消え去っていきます。日々の仕事に追われている中では，「立ち

エピローグ

止まって自らの営みを見つめ，見直す」ことさえ，できません。私たちは，声を大にして言いたいと思います。「若いみなさん，実践記録を作成してください」「一年一作でいいから，論文を書く修業を自らに課してください」と。

　実践記録を綴る営みは，ほんとうに地道な仕事です。授業記録をCDから再生して文章化する，ビデオで自分の授業中の振る舞い方を見つめる，などの取り組みが，自ら「立ち止まって」自分の有り様を振り返ることになっていきます。論文化していくことによって，いかに自分の実践が非力であるか，思い知らされます。他人から指摘されると誰しも腹立たしく思いますが，自ら「見えてくる境地」を味わうことは，新たなる高みに自らを押し上げていく大きな力になります。

　そしてさらには，普段着の中で，「少し無理しながら，授業実践を公開する」ことです。ある教師が次のように書いた書状を送ってくれました。「……先生に授業を見ていただくようになってから，早や6年が経ちました。ほんとうにあっという間の6年間でした。そして学ぶことがたのしい6年間でした。この学校に赴任してほんとうによかったと思います。私はこの6年間で一度だけ授業を公開しなかったことがあります。そのとき，すごく後悔したことを覚えています。『やっぱりみなさんに授業を見てもらいたかった。やればよかった』と。授業公開することは，たいへんなことですが，そのたいへんさ以上に得るものがあって，やった後は，うまくいってもいかなくても，すごく充実感がありました。そして，自分の足りない部分を指摘してもらえたことで，また新たな目標に向かってがんばることができました。……」

私たちにとって「学ぶ」ということは，体の内側に熱する闘志を秘めながらも，謙虚に素直に立ち向かうことです。実践記録を書き続けていくことこそ，我流から脱皮して新たな知恵とワザを身につけていくことになるのです。

遊びを持て！
　教師の仕事は，緊張感の高い仕事です。子どもの命にかかわるような大事もあります。そこまでいかなくても，つねに大勢の子どもたちの指導に紆余曲折する日々です。よほど図太い神経の持ち主でも，疲労度はかなりのものです。
　そんなとき，自らの心を「遊ばせる」趣味や戯れを持つことです。そのことは，おおやけの趣味の欄には到底書けないような，ギャンブル的な遊びもいいでしょうし，教師の仕事とは無関係な世界に身を置くことでもいいのです。それらをするからといって，「破滅的だ」「生産的ではない」というべきではありません。何はともあれ，緊張感の高い張りつめた心をゆるめることのできる「時と場」を持つことです。

　今の教育界は，責任追及に性急な世界です。身も心もズタズタになるほど，疲れ果てます。そんなことが心身症を引き起こすことも，異例ではありません。普通の教師が，普通にやっていけない時代でもあるのです。そんなときに，自分の心や体を「逃してやる」時と場を持つことです。執着心のあり過ぎることが，病につながります。ゴルフ三昧でも，ギャンブルでも，旅行でも，自分の心を解き放って，「忘れる」ことです。そういうことがあって，はじめて人間は心の弦をゆるめ，バランス感覚を取り戻すことができます。「人間，大いに遊ぶべし！」と声を大にして言いたいと思います。

エピローグ

希望を語れ！

　「今の日本の若者はあらゆる物に満たされている。しかし，唯一日本の若者に欠けていることがある。それは今の若者に希望が持てない世の中であることだ。」こんなことが流布している現在という世の中。なんだか世の中が騒然としてあわただしく，みんなせわしく動いているのに，孤独感と希望のなさが襲ってくるのです。息苦しい世の中になったものだと嘆くのは，年寄りばかりではありません。奇怪な犯罪が起きたりする不気味な世の中になってきています。社会格差も広がり，絶望と見捨てられていく孤独に，社会全体が病んでいるとも言えます。

　私たちは今こそ，「希望を語り合おう」「ピンチこそチャンスだ！」と言いたいのです。戦後の日本は貧しく辛い日々でした。しかし，世の中は意外にも明るかったし，希望を求めて動いていたように思います。少ないものを分け合って生きる，向こう三軒両隣が「つながり合って暮らす」世の中でした。

　私たちは，この本では「リーダーのノウハウ」を書くことよりも，「明るく元気に希望を語るリーダー」「仲間と苦楽をともにするリーダー」「どんなときも現場主義をつらぬき，華やかさよりも地道な実践に意味を見出すリーダー」への『讃歌』として，綴ってきました。どうか，お互いがお互いの希望を語り合い，元気を分け合い，苦楽を共にして生きていく教師のいる学校を演出しようではありませんか。

もう一つのエピローグ

「教師の仕事，リーダーの仕事」は立ち止まりにあり

アクセルとブレーキの役割

　自動車を運転していて思うことですが，アクセルを踏むことには，爽快感があります。でもブレーキを踏むことは，どうも遅れがちになります。高速道路をまっしぐらに走る爽快感は，心地よいかぎりです。

　今や世の中全体がアクセルを踏むことに終始しています。フルスピードで走ることに，躍起になっている私たちです。合理化と効率化，成果主義の嵐の中で，「いかにして効率よく，速やかに，手際よく……」ばかりを考えている世の中になってきているのです。

　そのような世相の中で，「道草をする」「立ち止まる」「ゆっくり歩く」「よそ見する」は，マイナスのイメージしかありません。そんなことをしていようものならば，どんどん追い抜かれていきます。「あの人はよほどの変わり者だ」と思われるのが，関の山です。

　しかし，ほんとうに，「道草をする」「立ち止まる」「ゆっくり歩く」「よそ見する」は，バカにされることでしょうか。最近になって，「スローライフ」という言葉も少しずつ広がってきています。そうでなくとも，私は今の世の中には，スピード狂の危うさをここかしこに感じます。ひたすらアクセルを踏み続けていくことが，「生きること，仕事をすること」だという盲信があるように，私に

もう一つのエピローグ

は思えてなりません。

　私はここまで「リーダーシップのあり方」について，あれこれ書き綴ってきました。そして，改めて思うことは，アクセルとブレーキのバランス感覚に優れたリーダーになってほしいということでしょうか。むしろ，アクセルはリーダーであれば，誰しも「がんばれ，がんばれ」と発破をかけて部下を叱咤激励します。私が思うに，本当の意味で優れたリーダーは，「ブレーキをきちんと踏める人だ」と断言したいと思います。

立ち止まることの意義
　一人の人間が判断して，実践できることは，限られたことです。「リーダーは孤独である」「校長職は，孤独な仕事である」とも言われます。学校のトップとして，「決断と実行」が求められます。ラストマンとしての孤独感は確かにあるかもしれません。

　しかし，私は思うのです。「ほんとうに孤独感に悩まされているリーダーは，ことによったら，聴く耳を持たない人ではないか」と。何でも自分で決めなくてはならない，自分で判断しなくては……と思うほど，人間は優れた生き物ではありません。単眼で，感情的で，弱虫で，先の読めない生き物が，私たちです。そんな私たちに必要なことは，聴く耳を持つことであり，立ち止まって考える勇気であり，視野を広げて仕事をしていくことです。そんな中でも，「立ち止まる」ことこそ，バランス感覚に優れた人間になる条件ではないかと思います。

　別にリーダーではなくとも，担任教師も，思えば孤独な「ひとり

ぼっち」での仕事です。教師の仕事自体が、その仕事の中身から言って、どうも「個人でやる」ことに終始しがちです。ここに落とし穴があります。「一人でやらなければならない」使命感から、「聴く耳を持たず」「複眼的な視野に欠ける」「馬車馬的にやる」ことばかりに走るのです。これでは、ほんとうに教師としてのいい仕事ができません。リーダーとして、落ち着いた判断や実践力を培えません。立ち止まって、大きな目と耳で、多くの人に意見を求め、「はやらず、あせらず、いらだたず」に、振る舞う資質を自らのものにしていく修練が必要です。

　とにかく迷ったら、窮地に陥ったら、まずは「立ち止まる」ことです。拙速な動きをしないことです。部下であろうと、素人の人の声であろうと、耳を傾け、考えを聴くことのできるリーダー（教師）になることです。私は、それしか、問題を克服していく道はないと思っています。

「多事争論」に学ぶ

　ニュースキャスターで新聞記者でもあった故筑紫哲也氏の言葉に、「多事争論」があります。多くの人が話し合いに参加するだけで、民主主義であり、議論が紛糾するほど、少数意見が大事にされている証拠であり、「人はできるだけ議論に参加することに意義がある」という考えです。

　教育行政職に身を置いた私としては、行政職と比較したとき、学校の職員室にはかなり「雑談する」雰囲気があり、職員会議、現職教育の協議会には「話し合い・聴き合い」の原則が生き残っていると思っています。談論風発する雰囲気もあるのです。それでも「生き残っている」と私が書き加えるように、そんな「話し合い・聴き

合い」も学校の職場によっては，風前の灯になっている危機感を持つのは私だけでしょうか。

　リーダー（教師）は，イエスマンを好みます。「ノーと言える人」を敬遠しがちになります。物事がスムーズに進むことばかりに力が入ってしまって，反論や異なる意見に耳を貸さなくなるのが，リーダー（教師）の性でしょうか。情けないことに私もその例にもれず，思慮の狭い人間でした。

　「対極に学ぶ」ことを意識し出したのは，担任教師をしていたころ，授業の中で体験的に学んだことでしょうか。指導案に描いた構想とは違った意見や展開になったときに，あわてふためき，耳や顔がほてるほどに，あせりやいら立ちを感じた自分を，あとでビデオで見たとき，なんと愚かな教師であったことかと思い知らされたのでした。自分の意見や考えに固執して，身動きとれない自分に気づかなかったのです。自分の予想もしない子どもの意見に耳を傾けることこそ，「教師の仕事だ」と思い知ったのでした。「対極に学ぶ」「予想もしない意見に学ぶ」ことは，それからの小心者の私の戒めになりました。

本を読むこと

　「最近の先生方は本を読まなくなったですねえ。」この話は出入りの本屋の主人の言葉です。本が売れなくなったことを，嘆いている愚痴だと片付けるわけにはいかない意味深な言葉です。教育書を一カ月に一冊も読まない教師がいることが，「普通」になってきています。たまに読んでいる本と言えば，「すぐに授業に役立つノウハウ」を簡潔に書いた本ばかり。ましてや異業種や他分野の本を手に

取る教師が少なくなったと言わざるを得ません。

　自分という人間を鍛錬するには，さまざまな試みが必要でしょう。その中でも，「思索する」営為をもっともっと自らに課していく人間に，教師も自分を追い込んでいかなくてはならないと思います。そのためには，「本を読むこと」がもっとも異次元や疑似体験に生きうることになって，その教師を賢くたくましくしていくと思うのです。

　最近は，本を読まなくても，安直にインターネットでも情報が手に入ります。わざわざ分厚い本を読破するほど，時間的なロスもありません。しかし，この「ロスタイム」こそが，その人間を養い，育てていく過程になると私は信じています。
　S先生は，学校の帰りに本屋を覗くことを趣味のようにしています。そして気に入った本を手にとっては，買い求めています。「ぼくの道楽は本を買うことかな。その証拠に，ほとんど買った本を読破したことはないよ。それでも買うのは，いつでも自分がまたその本を開くチャンスを持っているということだ」と。私は，すごい話だなと思ったことでした。

夢を見て，夢を語る
　リーダーも教師も「子どもたちに夢を語っているだろうか」と，私が思うのは老婆心過ぎるでしょうか。なんだか現実の世界に足を掬われて，どうもロマンティックな教師が少なくなってきたように思います。リーダーも教師も共に「憧れ的な存在」であってほしいと思うのは，私だけでしょうか。世俗的なせわしい世の中の動きに流されて，現実的な無機質な言葉のやり取りに終始する教室に失望

もう一つのエピローグ

するのです。同じように，リーダーであるべき立場の者が「安全・安心」ばかりを標榜して，規制や規律を重んじる傾向に，「日本の行く末は大丈夫か」と案じる私です。

　私はリーダーの立場にある人，子どもにとって教師の立場にある人に，「夢を語る馬鹿さ加減」を持ってほしいと念じています。世の中の流れに棹差して，子どもと悪戦苦闘をたのしみ，無謀な発想やいたずらを歓び，「明日に生きる希望」を語ってほしいのです。石橋を叩いて，臆病になって，子どもや教師を萎縮させるリーダーになってほしくはありません。大胆な生き方を求めてこそ，繊細な感受性が磨かれます。

　そのために，リーダーたる者は，「部下の指導」にあたるばかりではいけないのです。そうではなくて，教育行政に働きかけて，自ら「夢を語り，夢を訴え，夢を実現する」率先者でもあってほしいと念じています。どうか，みなさん，元気で明るく，「この道」を歩んでください。それを願ってペンを置きます。

　　　新緑の里山に分け入って語った初夏　**前田，林，藤澤，田中**

編著者紹介
前田勝洋
　豊田市内に校長として勤務し，2003年退職。大学の非常勤講師を勤める傍ら，求められて小中学校現場を『学校行脚』して，教師たちと苦楽を共にしている。
　著書
　　『教師と子どもが育つ教室』『校長になられたあなたへの手紙』『教師　あらたな自分との出会い』『校長を演ずる　校長に徹する』『授業する力をきたえる』『学級づくりの力をきたえる』『教師の実践する力をきたえる』他，多数。

共同執筆者
　林　　知子　（元刈谷市立衣浦小学校教頭）
　藤澤卓美　（元豊田市立足助中学校長）
　田中信夫　（みよし市立中部小学校長）

教師のリーダーシップ力をきたえる

2010年6月15日　初版発行

編著者	前田　勝洋
発行者	武馬　久仁裕
印刷	株式会社　太洋社
製本	株式会社　太洋社

発行所　　株式会社　黎明書房

〒460-0002　名古屋市中区丸の内3-6-27　EBSビル
☎052-962-3045　FAX052-951-9065　振替・00880-1-59001
〒101-0051　東京連絡所・千代田区神田神保町1-32-2
　　　　　　南部ビル302号　☎03-3268-3470

落丁本・乱丁本はお取替します。　　ISBN 978-4-654-01844-4
ⓒK. Maeda 2010, Printed in Japan

前田勝洋著　　　　　　　　　　　　　　　A5・160頁　2000円
教師の実践する力をきたえる 「顔つきとことば」の仕掛けとワザをみがく
教師・校長として経験豊富な著者が，教師の信念や情熱を子どもや保護者に伝えるための「顔つきとことば」のきたえ方を伝授。

前田勝洋・実践同人たち著　　　　　　　　A5・168頁　2000円
学級づくりの力をきたえる やる気と自覚をうながす「ワザと仕掛け」
長年の経験と実践に裏打ちされた，子どもが生き生きと活動する，明るく元気な教室をつくり出すためのワザや仕掛けを伝授。

前田勝洋・実践同人たち著　　　　　　　　A5・152頁　2000円
授業する力をきたえる 子どもをやる気にさせるワザと仕掛け
「三本のチョークで，板書を変えよう」「ネームプレートを二組用意しよう」など，教師のちょっとしたワザや仕掛けで，授業を変える方法を紹介。

上田　薫著　　　　　　　　　　　　　　　四六・256頁　2136円
人間の生きている授業
「この授業方式，この研究方式でいけば間違いない」とする独善的授業姿勢を批判。様々な個性をもった子どもたちを生かしきる授業づくりの筋道を提言。

社会科の初志をつらぬく会編　　　　　　　A5・184頁　2300円
生き方が育つ教育へ
詳細な授業記録を活用した問題解決学習の実践で知られる「社会科の初志をつらぬく会」の半世紀におよぶ研究・実践の成果を集約。

加藤幸次監修　愛知県東浦町立石浜西小学校編著　　A5・168頁　2200円
多文化共生の学校を創る 子ども・保護者・地域を変える
全校の約3割がブラジル国籍児の公立小学校で，文化も価値観も違う子どもたちと向き合い，親や地域住民も巻き込んで改革に乗り出した教師たちの奮戦記。

太田正己著　　　　　　　　　　　　　　　A5・218頁　2400円
障害児の教育と学級づくり・授業づくり 名言と名句に学ぶ
障害児教育に携わる教師を励ます近藤益雄など多くの先人の生き方を語るとともに，障害児教育の技術のエッセンスを簡潔な言葉で紹介し，解説する。

※表示価格は本体価格です。別途消費税がかかります。

山本昌猷著　　　　　　　　　　　　　A5・148頁　1800円
教師力を高め，高い学力を築く教科経営力
統一性のある筋道のはっきりした学習活動により，効果的に学力の向上を目指す教科経営のあり方を，小学校算数の指導事例をもとに詳説。

山本昌猷著　　　　　　　　　　　　　A5・172頁　1800円
授業を支え，学力を築く学級づくりの秘訣
「子どもを伸ばす原点は，学級づくりにある」。学級づくりに全神経を注いできた著者の「プラスパワー貯金」などの学級づくりの秘訣を，具体的に紹介。

今谷順重編著　　　　　　　　　　　　A5・234頁　2700円
人生設計能力を育てる社会科授業
将来の職業や生活を見通して，自立的に生きる力を身につける「人生設計型学校カリキュラム」の理論と，小学校社会科の授業実践。

豊田ひさき著　　　　　　　　　　　　四六・151頁　1700円
校長の品格
教職員，子ども，保護者，地域が誇るオンリーワンの学校をつくる，リーダーとしての校長に求められる「品格」とは何かを，東井義雄などの実践を通して語る。

諏訪耕一編著　　　　　　　　　　　　四六・172頁　1700円
教師のためのモンスターペアレント対応55
学校・教師が保護者からの非常識な苦情や要求にどのように対応すればよいかを，小・中・高等学校の55事例を通して，具体的にアドバイスする。

長瀬拓也著　　　　　　　　　　　　　四六・128頁　1400円
教師のための時間術
「子どもができる仕事は子どもに」「時間を短縮できる道具を揃える」など，現役教員の著者が，自分自身のためにあみだした時間の有効利用法を公開。

長瀬拓也著　　　　　　　　　　　　　四六・125頁　1400円
教師のための整理術
学級づくりや授業づくりのための整理術，実践や考えの整理術，ファイルやノートの整理術などを紹介。日々の仕事に追われ学級経営や授業に悩む先生方必読。

※表示価格は本体価格です。別途消費税がかかります。